간절함은 인생의 날개다

간절함은 인생의 날개다

포니 픽업 야채 장수에서
물류 기업 CEO까지

이강미 지음

이야기들

어떻게 마수라도 하셨나? : 25세 ·· 07
미잘이 빠졌네 : 25세 제1회 이um문학상 대상작 ······················ 18
주먹이 불끈 쥐어진 날 : 26세 ·· 30
다양한 색깔의 행복 : 27세 ·· 39
두 대의 차량에 날개를 달고 : 28세 ·· 49
소나기 : 28세 ·· 57
아주 센 예방주사 : 29세 ·· 64
천재라고 불러주고 싶었다 : 30세 ··· 71
앞서간 사람이 없는 길을 가면서 : 31~32세 ······························ 82
슬퍼도 열심히 줄을 당겨야만 했다 : 33세 ································· 94
딸과의 약속 : 34세 ··· 103
이제 구름 걷히고 : 35세 ·· 112
절심함은 꿈을 이루게 하는 보약 : 36~37세 ····························· 121
처음과 같은 마음 : 38세 ·· 128

산 넘어 산 : 38세	137
보이지 않는 손 : 39~42세	147
할머니의 마지막 선물 : 43세	158
하늘이 무너질 뻔 : 43~46세	168
머릿속 그림을 완성하다 : 47~53세	177
나에게 와줘서 고마워 : 53세	187
날개를 잘 부탁합니다 : 54~58세	197
내가 더 고마워 : 59~60세	204
우리는 영원한 짝꿍 : ~63세	213

에필로그 : 못다 한 이야기	222
부록 : '함께'라는 보물 2025년《시와문화》신인상 수상작	228

어떻게 마수라도 하셨나?

25세

　　　　꽃샘추위에서 완연하게 벗어났다 해도 될 만큼의 따스한 햇살과 가을을 닮은 청명한 하늘, 거기에 더해 막 밭에서 뽑아 온 배추처럼 신선하게 느껴지는 공기까지 누군가에게 선물하고 싶은 날씨였다.

아직 꽃을 피우지 못한 목련은
'꼭 일주일 안에 사람들이 내 화사함에 탄성을 지를 수 있도록 짠! 하고 피어날 거야.'라고 굳은 의지를 보여주듯 하얀 몽우리를 주저리주저리 매달았다.

　예전에 그의 어머니는 논밭일이 없는 날엔 며칠씩 집을

떠나 소쿠리 장사를 나가셨다. 막내라서 아직은 어렸던 그는 엄마가 보고 싶을 때마다

'오늘은 엄마가 돌아오실지도 몰라!'라는 생각에 아침 10시쯤만 되면 대문 밖 담벼락에 나가 쪼그리고 앉아 있었다. 그때마다 꼭 찾아와 함께해 준 친구가 있었는데 그 친구는 바로 엄마 품처럼 따뜻한 햇살이었다. 그렇게 그는 친구와 함께 담벼락에 쪼그리고 앉아 오늘은 꼭 엄마가 돌아오게 해달라며 땅바닥에 '엄마, 엄마, 엄마……'라고 서툰 글씨를 썼다.

그랬던 그가 자라서 성인이 되었다.

어릴 적 혼자일 때 친구가 되어주었던 그 따뜻한 햇살을 오늘 다시 만났다. 남들은 그저 따뜻한 날씨라고, 봄이 온 것 같다고 무심코 지나쳤을지 모르겠지만, 그에게는 옛 친구를 다시 만난 것 같은 기쁨이었고, 그래서 더 따스한 행복이었다.

그런데, 지금 그런 감성에 빠져 있을 때가 아니라고 깨우쳐주듯 야채 차 한 대가 다급한 뉴스라도 전하는 양 온 동네가 떠나가도록 방송을 하며 좁은 골목을 로켓처럼 지

나가는 것이었다.

"배추가 왔어요! 알타리가 왔어요! 쪽파가 왔어요! 대파가 왔어요!"

어느 중년 부부의 야채 차였다. 멀어지는 야채 차를 멍하니 바라보던 그는 자못 위축이 되었는지 말문을 열지 못했고, 한동안 두리번거리며 사람들이 제발 우리 차를 보고 다가와 주길 기도하는 마음으로 서 있기만 했다.
그때 담장 안에서 용수철처럼 한 아주머니의 얼굴이 쏙 튀어 올라왔다. 깜짝 놀란 그의 얼굴을 쳐다보며 아주머니가 말했다.

"아이고, 처음 장사를 나왔구먼유. 그러고 서 있기만 하믄 어쩐대유? 뭐라고 말을 하든 소리를 지르든 해야 사람들이 듣고 나오지 않겠어유?"

그는 겸연쩍은 표정으로 연신 고개 숙여 굽신거리면서 고맙다는 인사만 할 뿐, 그 뒤에도 쉽사리 말문을 떼지 못했다.

'말 한마디 못하는 목련도 곧 몽우리를 터트리고 자신의 얼굴을 드러내겠다는 의지를 보이고 있는데, 나는 왜 이러고 있는 걸까!'

조금 전 모질게 지나간 야채차 아저씨의 말투를 떠올리며 그는 용기를 내보기로 했다.

"배추 왔어요! 알타리 왔어요! 쪽파 왔어요! 대파 왔어요!"

젖 먹던 힘까지 모아서 나름대로 큰 소리로 외치고 있었지만, 다시 용수철 아주머니가 담장 안에서 쑥 튀어나오셨다.
'아니, 안에서 계속 나를 지켜보고 계셨다는 말인가!'

"아이고, 마이크 먼저 사야겠네유. 쯧쯧……."

그러고는 포기를 하셨는지 대문을 나와 어디론가 가 버리셨다. 그나마 관심을 주셨던 한 분의 고객마저 떠나자 그는 어릴 적 엄마를 기다리며 쪼그렸던 자세로 앉아 옆에 아무렇게나 놓여 있던 돌멩이를 연필 삼아
'나도 할 수 있다! 나도 할 수 있다!'
땅바닥에 연신 다짐 같은 말들을 써가며 다시 한번 용기

를 내보자고 스스로를 다독이고 있었다.

　내가 도착했을 때 그는 저 멀리서 그렇게 쪼그리고 앉아 있었다. 그를 발견하고 나는 그의 이름을 큰 소리로 부르며 뛰어갔다. 아마도 그 순간만큼은 내가 소쿠리 장사를 나갔다 며칠 만에 돌아오신 엄마보다 더 반가웠을 것이다.
　처음 장사를 시작한 날이었기에 그가 있을 만한 곳을 100퍼센트 직감으로만 찾아온 나를 보고 그는 신기해하며 유난히 더 반갑게 맞아주었다.
　그때는 휴대폰도 삐삐도 없던 시절이어서 밖에서는 공중전화만으로 연락할 수 있었지만, 우리는 늘 '감'으로, '텔레파시'로 서로를 잘도 찾아냈던 것 같다. 그렇게 사랑은 우리에게 최고의 '내비게이션'이었다.

　"어떻게 마수라도 하셨나?"

　그의 시무룩해 보이는 표정을 살피며, 차 안에 놓여 있는 물건들을 이리저리 살폈다. 그러고는 고개를 길게 빼고서 눈빛으로만 스캔하며 조심스레 물었다. 그는 힘없이 고개를 가로저었다.

"일단 마이크부터 달아야 할 것 같아!"

 나는 씩씩하고 자신감 넘치는 목소리로 "OK."라고 대답하며 손 모양으로 신호를 보냈다. 우선 오늘 가져온 물건은 어떻게든 처리해야 하니 가까운 식당들을 찾아가서 사 온 값 그대로 팔아보자고 말했다. 그도 내 의견에 동의하면서 식당들을 찾아 나섰다.
 그의 차는 포니 승용차에 짐칸이 달린, 포니 픽업이라는 이름의 미니 화물차여서 그 크기가 일반 야채 장수 차들에 비해 절반 크기도 안 됐다. 그런데 오늘은 차가 작다는 게 큰 위로가 되는 날이었다.

 대학에서 토목을 전공한 그는 제대와 동시에 본인의 진로를 바꾸기로 결심했고, 하루도 쉬지 않고 신림동 개천가 포장마차촌으로 들어가 작은 포장마차를 운영하기 시작했다.
 가장 적은 자본으로 할 수 있는 일을 찾아야 했기에 포장마차가 최선의 선택일 수밖에 없었다. 그러나 몇 달 장사를 하다 보니 젊은 나이에 별다른 노력 없이 오는 손님만 기다려야 한다는 게 답답했다. 그래서 포장마차를 바로 처분했고, 그 돈으로 최초의 자가용이자 사업장인 중고 포니 픽업을 구입했던 것이다.

드디어 우리는 여러 식당이 모여 있는 곳을 찾았다.
일단 차를 길가에 세워놓고 둘이 나눠서 식당 여러 곳으로 들어갔다. 사정상 싼값에 야채를 드릴 테니 필요한 게 있는지 나와서 보시라고 안내했다. 삽시간에 식당 주인은 물론 지나가는 사람들까지 모여들기 시작했다.
차량 크기에 견주어 표현하자면, 벌떼처럼 사람들이 우리 차를 에워싸기 시작했다. 급반전이 일어난 상황에 우리는 놀랄 수밖에 없었다. 서로 미소를 주고받으며 이렇게 된 이상 손해 보면서까지 팔지 않아도 될 것 같다고 판단했다. 그래서 원래 책정했던 가격을 제시했고, 대신 무엇이라도 한 가지씩을 덤으로 주었다. 사람들은 좋아했고, 무엇보다 야채가 싱싱하다는 점을 더 좋아했다. 그러면서 내일도 오는 거냐고 물어보기까지 했다.

그렇게 채 30분도 안 되어 첫 장사를 나온 우리 차는 바닥을 드러냈고, 우리는 손바닥이 아픈 줄도 모르고 힘껏 하이 파이브를 했다.
혼자 애를 태우며 시작한 신고식이었지만, 첫 사업의 시작일의 결과는 그날의 따뜻한 날씨처럼 선물로 남았다.

이틀 뒤 앰프와 마이크까지 완벽하게 장착을 마친 그는 아침 첫 방문지를 서울대 근처 신림동 하숙촌 주택가로 정하고 위풍당당하게 그곳으로 들어갔다. 전날 차량에 확성기를 장착하는 작업을 하면서 입술이 닳도록 방송 연습을 한 덕분인지 말이 술술 풀려나왔다. 거기에 더해 애드리브까지 섞어가며 천연덕스럽게 방송을 하는 게 아닌가!

"자아! 오늘 처음으로 싱싱한 청년이 신선한 야채를 가지고 왔습니다. 자아! 모두 나오셔서 구경들 하세요."

기다렸다는 듯이 부잣집 사모님 같은 풍모의 아주머니들이 그의 차가 있는 골목으로 우르르 쏟아져 나왔다. 차가 작아서 두 포기씩 묶인 배추 서른 단과, 무 열 개, 대파 열 단, 쪽파 열 단, 감자 세 관, 고추를 종류별로 각각 한 관씩 싣고 왔는데, 차 안의 물건을 본 사모님들은 하하하 호호호 웃기 시작했다. 한 집 김장거리도 안 되는 물건을 가지고 와서 야단법석 마이크로 방송까지 하면서 자신들을 유인한 것이 기가 막히기도 하고 귀엽기도 하여 웃었던 것이었다.

그러던 중 갑자기 한 아주머니가 가격을 묻지도 않고 이 차에 있는 야채 전부를 저 맨 윗집으로 갖다달라는 게 아닌가. 그는 두 귀를 의심했지만, 옆에서

"그 부부 야채 차는 왜 안 오지? 나도 오늘 김치 담가야 하는데……."라며 속삭이는 다른 아주머니의 목소리가 들리는 걸 보니 잘못 들은 것은 아닌 듯하여, 얼른

"네, 사모님! 바로 배달해 드리겠습니다!" 하고는 그 집으로 차를 옮겼다. 그러고는 배추와 온갖 야채들이 조금이라도 상하지 않도록 조심스럽게 원하는 장소로 모두 옮겨 드렸다.

"총 얼마예요?"
"저, 저, 25만 원만 주세요."

그는 오늘 전체 물건을 산 돈에다 얼마를 더 붙여야 하나 순간적으로 계산을 해보다가 8만 원만 더 받기로 하고 25만 원을 부른 것이었다. 그 아주머니께서는 더 이상 묻지도 않았고 돈을 건네주셨다. 감사하다는 인사를 몇 번이나 반복하고 난 뒤에야 밖으로 나왔다.

그는 오늘의 상황이 도저히 믿기지 않아 잠시 멍하니 서

있었다.

　어제 그는 세운상가에 가서 앰프와 마이크를 사 가져와 길가에 차를 세워놓고 설치하고 있었다. 계란 장수를 하는, 연세가 좀 있어 보이는 한 아저씨가 우리 차 옆쪽에 주차를 하더니 가까이 다가오는 것이었다. 그러고는 무엇을 하려고 이런 것들을 차에 설치하냐면서 이런저런 질문을 하셔서, 있는 그대로 야채 장사를 하기 위해 준비하는 중이라고 말씀드렸다. 젊은 친구가 그런 결심을 한 게 대단하다면서, 자기 아들은 나이 많은 아버지가 이렇게 힘들게 일하고 있는데도 편한 직장만 찾느라 몇 년째 놀고 있다며 한참을 하소연하시는 게 아닌가.

　장황하게 혼자 말씀하신 게 미안했는지, 계란 장수 아저씨는 어느 동네로 장사를 나갈 생각이냐고 슬며시 물어 오셨다. 그가 아직 잘 모르겠다고 말씀드렸더니 그때 그 아저씨가 오늘 갔던 하숙촌에 대한 정보를 주신 것이었다.
　지금은 2.5톤 차로 장사하는 부부가 몇 년째 그 동네 단골들을 잡고 있지만, 그래도 이 작은 차로 들어가서 성실하게 장사하면 일부 단골은 확보할 수 있을 테고, 하숙촌이라

물건을 대량으로 구매하는 사람들이 많으니 그곳을 첫 번째로 들어가면 좋을 것 같다고 정보를 주셨다.

그러면서 그 부부의 차보다 30분만 먼저 도착해 보라고 작전에 돌입할 시간까지 정해주셨다. 감사하게도 그 작전이 맞아떨어졌다.

그는 자신이 경험도 없고 말주변도 없고 여로모로 부족한 게 많은데, 이렇듯 좋은 분들을 만나게 되어 감사한 마음이 든다고 했다. 아직 세상엔 좋은 사람이 더 많은 것 같다면서, 자신도 누군가가 어려워할 때 손을 내밀어 잡아주고 함께 걸어가 주겠다고, 그래서 그 사람도 '아직 세상은 살 만하구나!'라고 용기 내서 잘 걸어갈 수 있게 도움을 주고 싶다고 다짐하며 하루를 마무리했다.

내일은 최대한 물건을 많이 싣고 들어가야겠다는 큰 꿈을 안고 새벽 일찍 가락시장에 도착하기 위해 잠을 청했다.

미잘이 빠졌네

25세

      봄이라는 계절은 겨울의 시샘을 받아 꽃샘추위와 실랑이를 하고 나서야 겨우 무언가를 해보려 하지만, 참을성 없는 여름은 봄의 사정을 배려하지 않은 채 노크도 하지 않고 재빠르게 들어와 버린다.

  그래서 봄은 그렇게 잠시 함께 있다가 이내 보내줄 수밖에 없는, 그래서 더 귀하고 아쉬워 사랑받는 계절이 아닌가 한다.

  그렇게 봄을 보내고, 어쩔 수 없이 찌는 듯한 더위를 잔뜩 안고 우리 앞에 도착할 여름을 맞이해야 하지만, 그래도 내가 좋아하는 시원한 수박을 맘껏 먹을 수 있는 계절이라는 것에 위안을 삼으며 어느 정도는 시큰둥하게 여름을 맞이해 주었다.

그 사이 방송은 그에게 누워서 떡 먹기보다 쉬운 일이 되었고, 스피커에서 나오는 그의 음성을 듣고 부랴부랴 야채를 사러 나오는 아주머니들이 제법 늘었다.

그의 잘생긴 외모도 한몫했지만, 무엇보다도 당일 재고는 절대 이월시키지 않겠다는 나름의 원칙을 지키고 있던 것이 가장 주요한 비결이었다. 다른 차들보다 항상 30분 먼저 도착하면서도 신선한 야채들만 가져오니 이제는 오히려 아주머니들이 그를 기다리는 상황이 되었다.

가끔 내가 쉬는 날엔 함께 가서 일을 돕기도 했는데, 그때마다 아주머니들은 우리를 학생* 부부라고 불렀다. 아마도 둘 다 챙 모자를 눌러쓰고 청바지에 티셔츠 그리고 운동화 차림으로 늘 바쁘게 뛰어다니는 모습이 학생처럼 보인 듯했다. 게다가 우리의 결혼 날짜가 잡혔다는 사실도 아실 만큼 가까운 사이가 되어 있어서 더욱 그랬을 것이다.

그날은 나도 함께 가락시장에 따라가기로 했다.
내가 가끔 그를 따라 가락시장에 가고 싶어 했던 이유

중 하나는 잔치국수를 먹기 위해서였다. 한 할머니가 새벽에만 나와 시장 한쪽에서 잔치국수를 팔았는데, 내 생애 그렇게 얼큰하면서도 시원한 국물은 처음 먹어봤다. 아마도 죽을 때까지 잊지 못할 것 같다.

물론 호박을 넣고 계란을 푼 멸치 육수를, 조금 붇게 삶은 면 위에 휙 부어 적당히 익은 김치와 함께 차려주셨던 우리 엄마의 국수도 최고였다. 엄마가 들으면 서운해하실지 모르니 정정하여 다시 표현하자면, 가락시장 할머니 국수는 서울표 국수 중에서 최고인 맛이었다.

가락시장에 도착해서 제일 먼저 들르는 곳은 배추를 차떼기로 받아놓고 아주머니들이 바닥에 철퍼덕 앉아 작업하는 곳이었다.

차로 다니는 야채 장사의 최고 인기 품목은 배추였다. 배추가 차지하는 비중이 크므로 물건을 살 총액에서 배추 살 금액이 먼저 정해져야 나머지 품목의 양을 조정할 수 있었다.

작업을 하는 아주머니들은 누런 잎을 떼어내고 뿌리를 잘라 배추의 상품성을 높이는 일이나 소매상들이 가서 팔기 수월하도록 배추를 두 포기씩 묶는 작업 같은 걸 하고 있었다. 손놀림이 기계처럼 빠르면서도 각이 딱딱 맞아 그 아주머니들이 일하는 광경은 가락시장의 볼거리 중 하나였다.

나는 꽃을 좋아했지만 가락시장에 갔을 때만큼은 배추가 가장 예쁜 꽃처럼 보였으니, 이쯤 되면 나도 배추 장수의 아내가 될 준비가 다 된 게 아닐까 싶었다.

"안녕하세요! 어제보다 어때요?"
하고 그가 물었다.

"총각 왔어? 오늘은 차가 많이 안 들어와서 어제보다 세 장이나 올랐어."
하시며 한 아주머니가 손이 바쁜 와중에도 손가락 세 개를 세워 보여주셨다.

어제는 도매가가 7000원이어서 1만 원씩 받고 팔 수 있었는데, 3000원이나 올라 버렸으니 1만 3000원은 불러야 하는데…….

'아이고, 많이 올랐네. 김치는 내일 담가야겠다.'라고 생각하며 뒤돌아설 단골 사모님들의 모습이 벌써부터 그의 뇌리를 스쳐 지나가는 것 같았다.

나는 배춧값은 이미 귀에서 놓쳐버린 상태로

'이제 곧 우리가 결혼할 텐데, 결혼했다고 방송할 수도 없는 일이고……. 계속 총각으로 남아야 하는 건가?' 하는 엉뚱한 생각을 하고 있었다. 그는 영원히 가락시장의 총각으로 남을 것 같다는 생각을 하니 나도 모르게 웃음이 나왔다.

그렇게 그는 가락시장 어디를 가도 '총각 왔네!'라며 아주머니들이 먼저 아는 척을 할 정도로 장돌뱅이가 되어가는 중이었다.

그때 그가 나에게 물었다.

"오늘은 깜짝 이벤트로 수박을 팔아볼까? 수박이 팔리기만 하면 쉽게 돈이 되겠더라고."

늘 자신감 넘치는 나였지만, 한 번도 생각해 본 적 없는 일이어서 잠시 고민했다. 그러나 이내, 그와 함께하면서 한 번도 그의 판단이 잘못된 적이 없었다는 믿음이 섰다.

"그럼, 한번 해보지 뭐. 재밌겠네!"
하며 분위기를 띄웠다. 작은 차에 무거운 수박을 여러 통 싣는 게 무리가 되지는 않을까 살짝 의문이 들었지만, 부피만 봤을 때는 가능할 것도 같았다.

수박은 한 접, 그러니까 백 통을 사면, 팔 때 삼각형으로 잘라 확인시켜 줘야 하는 특수 품목이므로 불량 수박이 나올 경우를 대비해 추가로 10퍼센트, 즉 열 통을 더 받아 가는 게 관례처럼 되어 있다고 했다. 추가로 주는 것을 '산을 준다'고들 하는데, 그 뜻은 지금까지도 물어보거나 알아본 적은 없다. 여하튼, 백 통을 원가로 팔게 되더라도 한 통에 만 원이면 아무것도 하지 않아도 그냥 10만 원을 버는 것이었다. 그런 계산 때문에 그가 쉽게 돈이 된다고 한 것 같다고, 수학을 제법 잘했던 나는 이해했다.

서로 동의가 됐으니 이제 수박 코너로 이동해서 수박을 잘 골라야 하는, 꽤나 난이도 높은 문제를 풀어야 하는 중요한 시간이 기다리고 있었다.
그사이 잠시 긴장도 풀 겸 가락시장에서 할머니 잔치국수 다음으로 우리가 인정한 손수레 카페를 찾아 커피를 한

잔하면서 당장 닥친 문제를 풀어보기로 했다. 손수레 카페 아주머니는 우리를 따뜻하게 맞이해 주었고, 우리는 아주머니가 장날 시장에 나갔다가 우연히 마주친 이모만큼이나 반가웠다. 그런 달뜬 기분으로 아주머니께 인사를 하고 아주머니표 커피 두 잔을 주문했다.

"총각은 꼭 색시랑 올 때만 커피 마시러 오네?"

나는 깜짝 놀랐다. 내심 기분은 좋았다. 언제나 그는 맛있는 것이 있으면 나를 데리고 가 사주거나 사 와서 함께 먹었다. 자상한 사람이란 걸 알고는 있었지만, 아침 일찍부터 일하면서 커피 한 잔 정도는 혼자 마셔도 될 것을, 이 작은 커피마저도 나와 함께 왔을 때만 마신다니 감동을 넘어 눈물이 쏟아져 나올 것만 같았다.

예비 신랑이 직장도 없는 야채 장수라는 소릴 듣고 주변 사람들은 의견이 분분했다.
결혼을 반대하는 사람들의 의견은, 야채 장수를 직업으로 보질 않고 실업자처럼 생각해서 어떻게 먹고살려고 그러느냐, 네가 뭐가 아쉽고 급해서 직업도 없는 사람과 결혼

하려 하느냐 하는 식이었다.

반대로 나를 믿어주는 몇몇, 특히 우리 엄마는,

"그 집안이 형들부터도 머리가 좋은 집안이니 뭐든 함께 열심히만 하면 잘 살 거야. 건강만 잘 챙겨. 그리고 똑똑한 우리 막내딸이 선택한 사람이니 얼마나 잘 골랐겠어? 엄마는 딸을 믿는다!"라고 하시면서 결혼을 허락해 주셨다.

가족과 주위 친지들에게 그의 좋은 심성과 자상하고 성실한 됨됨이 등등, 다 나열할 수 없을 정도로 많은 장점을 일일이 설명하지는 않았다. 모든 일은 결과로 보여주면 되는 것이라 생각했기 때문이다.

배추처럼 가지런히 쌓아놓은 수박 더미를 바라보니 좋은 수박을 골라야겠다는 승부욕이 나를 자극했다. 그런데 백 통을 고르기 위해서는 도대체 몇백 통을 두드려봐야 하는 것일까? 얼마나 많이 두드려야 맑은 소리를 감별해 낼 수 있을까! 그런 생각을 하다 보니 차라리 다른 사람들은 어떻게 수박을 사는지 지켜보는 게 낫겠다 싶었다. 그래서 지켜보기 시작했다. 한군데 모아놓은 수박은 생산자가 같아서 몇 통만 확인해 봐도 그 전체의 상태를 금방 알 것 같았다. 그대로 따라 했다. 수박에 귀를 대고 가만히 몇 통을 두드려보니 맑은 소리가 났다. 그래서 얼른 그 생산자의 수박들을 골라잡았다.

　애초에 수박을 사다 팔 생각만 했지, 포니 픽업에 실을 수 있는지 없는지는 생각조차 하지 않았다. 수박의 무게를 생각하지도 않고 눈에 보이는 부피만을 생각하며 차에 실었다. 타이어가 조금 걱정되긴 했다. 그래서 아주 천천히 이동하기로 했다. 가락동을 출발해 남부순환로를 거쳐 신림동까지 무사히 도착해야 하는 것이 오늘의 중요한 미션이었다.
　불안한 마음으로 천천히 출발했는데, 차에서 이상한 쇳소리가 들리기 시작했다. 차를 잠깐 세우고 타이어를 살폈는데, 이상이 있어 보이지는 않았다. 다시 더욱 천천히 이동했다. 그러나 쇳소리는 계속 심해지는 것 같았다.

　만약 도로 한복판에 차를 세우고 뭔가 조치를 해야 하는 상황이 발생한다면, 안 그래도 복잡한 출근 시간이 엄청나게 막힐 것 같았고, 거기에 더해 남부순환로 정체의 주범이라고 교통방송에 나올 것 같았다. 어쩌나, 조마조마한 마음을 달래며 걷는 듯 가다 보니 멀리 은마아파트가 보였다.

그리고 그보다 조금 앞선 곳에 있는 주유소가 눈에 들어왔다. 어떻게든 주유소까지는 가야 했다. 깜빡깜빡 비상등을 켰다.

차는 엉금엉금 기어가듯 이동하고, 나는 차에서 내려 오른편 뒷문에 손을 얹고 마치 옆에서 대통령 차를 에스코트하는 사람처럼 여기저기 살피며 함께 걸어가 간신히 주요소에 도착할 수 있었다. 도착하자마자 주유소 직원들과 손님들이 우리 차로 우르르 몰려들었다. 누가 시킨 것도 아닌데 거기에 있던 모든 사람이 정비공이 되어 여기저기 차를 살펴봐 주기 시작했다.

그러던 중 개인택시 기사님 한 분이 본인이 차에 대해선 박사라는 표정과 기세로 진단을 마친 명의가 환자에게 결과를 통보하듯

"아이고, 짐을 너무 많이 실어서 미잘이 빠졌네."
라고 이야기하는 것이었다.

미잘이 빠졌다는 말은 나에게 그리 생소한 말은 아니었다. 어릴 적 아버지께서 닭 똥꼬가 밖으로 삐져나온 것을

보시고 '미잘 빠졌다'라고 하시던 말씀이 기억났기 때문이었다. 그렇다면 이 차의 미잘은 어디란 말인가! 아, 하고 탄식이 나왔다. 큰일이었다. 내 입에서 탄식이 나온 이유를 그도 이미 알고 있는 것 같았다.

오래된 차다 보니 짐칸 바닥이 부식되어 짐의 무게를 이기지 못하고 주저앉은 것이었다. 그제야 수박의 무게를 떠올리게 되었다. 수학 박사라고 맨날 큰소리쳤던 내가 미리 챙겨야 했는데……. 자책감에 내 머리를 쥐어박고 싶었다.

이미 벌어진 일을 후회만 하고 있을 시간이 없었다. 저리 많은 수박을 어떻게 해야 하나! 이제 포니 픽업은 폐차해야 할 것 같은데 앞으로 어쩌나!

수박과 폐차, 이 두 가지가 눈앞에 당도한 큰 문제였지만, 우선 급한 대로 수박을 처리하기로 했다. 주유소 사장님께 양해를 구하고 주유소 한쪽 구석에 수박을 쌓기 시작했다. 수박을 열심히 내려보았지만 바닥과 맞닿은 차체는 다시 올라올 기미가 보이지 않았다. 서둘러 수박 두 통을 잘라 주위에 계신 분들께 감사하고 죄송하다고 인사하며 나누어 드렸다. 그러자 수박이 너무 맛있다며 너나없이 사 가겠다고 하는 것이었다.

하나님 부처님 두 분이 합심하여 도와주시는 게 아니라면 위기 때마다 이렇게 멋진 반전을 만들어주실 수는 없는 일이었다. 이런 걸 천운이라고 부르는 게 아닐까?

그렇게 주유소는 수박 판매장이 되었고, 마지막 다섯 통을 남기고 그날의 장사를 마감했다. 남은 다섯 통은 직원들과 함께 드시라고 주유소 사장님께 드렸더니, 주유소 사장님은 고맙다며 물심양면으로 차 처분하는 일을 도와주셔서 복잡한 폐차 처리를 일사천리로 진행할 수 있었다.

수박 판매의 첫날, 우리는 사업의 쓰라린 경험을 할 수 있었다. 무엇보다도 우리의 첫 사업장이었던 동시에 여러 가지 일을 함께 견뎌낸 동지, 포니 픽업을 떠나보내야 한다는 게 가장 슬펐다. 뭔가를 제대로 할 수 있을 것 같은 시점이었는데 말이다. 할 수만 있다면 좋은 곳에 묻어주고 가끔 찾아가 우리가 살아가고 있는 이야기들을 들려주고 싶었다.

생사고락을 함께한 가족과 마찬가지였던 포니 픽업은 우리에게 깨달음을 주고 그렇게 떠났다. 작은 일상 속에서도 일이 잘 풀린다 느껴질 때면 보다 겸손하고 낮은 자세로 한 번 더 생각하라는 깨달음 말이다.

주먹이 불끈 쥐어진 날

26세

"어쩌지? 오늘도 함께 못 나갈 것 같아. 기운도 없고, 계속 토할 것 같아."

"아니, 그런 상태로 같이 가려고 했단 말이야? 내 걱정할 때가 아니지. 그나저나 아픈 사람을 혼자 둬도 되는지 모르겠네……. 이따 형수님한테 잠깐 들러달라고 부탁드려 볼 테니 그사이 빈속이면 더 울렁거릴 수 있으니까 계속 뭐라도 먹어보고……. 아니다, 끝나고 전화할 테니 먹고 싶은 거 생각해 뒀다가 말해줘. 올 때 사 올게."

입덧이 심해서 벌써 몇 주째 남편 혼자 새벽 시장에 나가게 했다. 마음에 걸렸지만 어쩔 도리가 없었다. 웬만하면 드러눕는 성격이 아닌데, 입덧을 하니 앉아 있어도 서 있어도 그냥 체한 듯 멀미가 나는 것만 같았다.

입덧이란 말로 정확히 표현할 수 없는 오묘한 괴로움이었다. 모두 애를 낳는 고통에 대해서만 말을 해줬지, 이렇게 입덧이라는 힘든 과정이 있다는 것에 대해서는 아무도 말해 주지 않았다. 낳는 것보다 입덧이 더 힘들다고 말하면 애를 안 갖겠다고 할까 봐 세상의 모든 엄마가 약속이나 한 것이었을까! 말도 안 되는 상상을 해서라도 원망 거리를 찾아야 조금이라도 위로가 될 것 같았다.

그렇게 세상의 모든 엄마 선배님들에게 배신감마저 들 정도로 하루하루 힘든 나날을 보내고 있었다. 입덧을 조금 완화해 줄 한약마저도 입에 들어가자마자 게워 냈다. 상황이 이렇다 보니 남편을 따라나선다는 건 엄두도 못 낼 일이었다.

그러다 엄마 생각이 났다. 엄마도 나를 가졌을 때 이렇게 힘드셨을 텐데, 그런 와중에 들에 나가 일도 하시면서 여러 식구가 입고 먹는 일까지, 그 많은 것을 어떻게 해결하셨을까. 고생이 많으셨을 엄마를 생각하니 너무 안쓰럽기도 하고 죄송하기도 하면서도 감사한 마음이 들어 문득 엄마가 보고 싶어졌다.

남편은 포니 픽업을 떠나보내고 난 뒤 다행히 정신적으로도 환경적으로도 안정적으로 자리를 잡아가고 있었다. 이제 혼자가 아닌, 언제든 '우리'라 말할 수 있는 아내가 생겼고, 차량 역시 덮개까지 설치된 1톤 트럭으로 안전하게 업그레이드됐다.

처음 장사하러 나왔던 날과는 달리 방송도 더 세련되게 잘했다. 무엇보다도 하숙촌 사모님들이 대부분 우리 쪽으로 넘어왔다는 것이다.

터줏대감으로 그 동네를 누비던 2.5톤 부부 야채 트럭은 경기에서 우리에게 밀리고 있었다. 경기 분석을 해보자면, 그들은 큰 트럭이어서 물건을 상대적으로 많이 싣고 다니다 보니 매일 재고가 많이 남게 되었을 테고, 어쩔 수 없이 그 재고는 이튿날 다시 가져와 팔아야 했을 것이다.

1톤 트럭인 우리 차가 그들보다 아무리 작다 하더라도 여러 품목이 동시에 다 소진될 수는 없었다. 하지만 우리는

'당일 100퍼센트 소진!', '무조건 신선한 물건으로 시작!'한다는 원칙하에 원가 대비 마진율을 정해놓고 그 금액이 채워지면 이후 남은 물건은 거의 헐값으로, 때로는 무료로 식당에 넘기는 방식을 택했다. 그러다 보니 사모님들이 늘 신선한 상품으로 제일 먼저 자신들을 찾는 우리를 좋아할 수밖에 없었을 테니, 우리의 작전이 먹힌 것이었다.

그래서 우리는 패턴을 고정했다. 1차 방문지로 신림동 하숙촌 주택가에 들렀다가 2차로 개천 건너편 주택가로 가 장사를 마무리하기로 했다.

하숙촌 건너편 동네 초입에는 정말이지 인상도 마음씨도 좋은 할머니가 살고 계셨는데, 그 할머니 댁 대문 앞은 우리 야채 트럭이 장사하기에 요지인 자리였다. 버스에서 내린 그 동네 사람은 모두 어귀에 있는 그 집 앞을 지나가야 했기 때문이었다.

그 집 할머니는 우리 부부를 어여삐 여기면서 대문 앞을 기꺼이 내주셨다. 장사가 잘된 날에는 함께 기뻐해 주셨고 잘 안된 날에는 함께 걱정해 주셨다. 친할머니 같은 정을 주신 고마운 분이셨다. 그 할머니 덕분에 우리는 비교적 손쉽게 장사했다. 장사를 하다가 어느 정도의 시간에 도달하면 근처 몇 식당에 남은 야채를 모두 나눠 드리고 일을 끝내는 게 우리의 방식이었다. 그러다 보니 우리가 배고프지 않도록 근처 식당의 사장님들은 자기들 식당에서 식사하라고 서로 경쟁하듯 챙겨주셨다.

매일 새벽 3시에 일어나는 게 쉬운 일은 아니었지만, 우리가 일을 마치고 집으로 돌아갈 때면 비어 있는 짐칸 안에 따뜻한 사랑과 정, 그리고 행복을 가득 담아 갈 수 있었다.

그렇게 그날도 남편은 1차 하숙촌 일정을 마무리하고 개천 다리를 건너 할머니 댁 앞으로 이동하는 중이었다. 다리 위에서 접촉 사고가 발생했다.

남편은 차에서 내려 상대방 운전자와 마주하고는, 자신과 상대의 대조적인 눈앞의 현실에 놀라고 말았다. 생계유지를 위해 1톤 트럭을 몰던 자신과 달리 열 살은 어려 보이는 상대방은 빨간색 스포츠카를 모는 대학생이었던 것이다.

놀라움도 잠시, 살펴보니 다행히 큰 사고는 아닌 듯했다. 하지만 생전 처음 맞이한 사고에 어떻게 대처해야 할지 몰라 남편은 서울에서 자신의 보호자 역할을 하고 계시는 둘째 형님께 전화를 드렸고, 형님은 목동에서 버스를 타고 부리나케 현장으로 와주셨다.

상대방도 집에 연락했는지 카폰인지 무전기인지를 든 검은 양복 차림의 누군가가 도착했다. 비서로 추측되는 사람이었다. 통화를 하며 회장님이란 호칭을 쓰고 있었고, 타고 온 차 또한 당시 아무나 탈 수 없는 검은색 세단이었다. 우리 집과는 비교도 안 될 부잣집 아들인 것이 분명해 보였다.

남편은 이런 눈앞의 현실을 보면서 자신도 모르게 주먹이 불끈 쥐어졌다고 했다.

"꼭 성공해서 고생하신 우리 어머니와 형님들께 자랑스러운 아들과 동생이 되어야지!"

사고 처리 과정에서 어린 학생이 부모덕에 분수에 넘치는 생활을 하는 모습을 보면서 남편은 자격지심이 아닌, 지금처럼 열심히 살다 보면 스스로 성공할 수 있겠다는 자신감이 생겼다. 자신을 서울로 유학 보낸 어머니와 어려운 살림에 동생들 뒷바라지까지 하고 계신 형님들을 위해서 꼭 성공해 경제적으로 집안을 일으키고야 말겠다는 목표가 생긴 계기가 되었다.

눈만 뜨면 넓게 펼쳐진 평야만 보이는 논산에서 농사와 소쿠리 장사로 생계를 이어왔던 어머니는 친정의 일가친척이 모두 서울에서 떵떵거리며 잘사는 모습을 보아오셨다. 그래서 자식들은 무조건 서울에서 학교를 나와야 성공한다는 믿음을 가지셨고, 아들들이 중학교 3학년이 되기 전에 모두 서울로 유학을 보내셨다.

원래 아들을 열두 명 낳으셨는데, 신생아 때 여섯을 잃으시고 여섯 형제만 살아남았다고 했다. 그러다 보니 형제간 터울이 좀 있어 서로를 끌어주고 챙겨주는 역할이 자연스럽게 잘 형성되었다. 그중 내 남편은 어머니 나이 마흔하나에 낳은 늦둥이였다. 중학교 2학년 되던 해 아버지가 병환으로 돌아가신 뒤 곧바로 서울로 유학을 오게 되었다.

생활비며 학비며 하는 것들은 셋째 형님이 지원해 주셨고, 전체적으로 크고 작은 일은 서울에서의 맏형인 둘째 형님이 부모 역할을 대신해 주셨다.

나 스스로 물질적으로 아무것도 준비가 안 된 남편과의 결혼을 결심한 이유 중 하나도, 살면서 처음 보았던 끈끈한 형제애 때문이었다.

'형제간 우애 있게 지내는 것이 바로 최고의 효도'라고 우리 부모님이 늘 말씀하시는 것을 듣고 자라다 보니, 형제 일이라면 자기 목숨도 줄 수 있을 것 같은 남편 가족의 깊은 우애가 내 마음을 움직인 것이었다.

'부모 형제에게 잘하는 사람은 절대 나쁜 사람일 수 없지.' 하며 하늘에 계신 아버지가 다시 한번 내 귀에 속삭여 주고 계셨다.

그 후 신림동 하숙촌 마을에서 세 대의 야채 트럭이 경쟁했는데, 두 대의 트럭이 더 이상 보이질 않았다.

그때쯤 내 배도 조금씩 불러오기 시작했다. 나는 나온 배를 조금이라도 감추기 위해 임신부 원피스 대신 멜빵바지를 입고 배달 다니는 남편을 열심히 도왔다. 남편은 차에 그냥 있으라고 했지만, 남편이 먼 곳부터 배달을 시작하면 난 얼른 차에서 내려 가장 가까운 집을 골라 배추를 한아름 안고 가져다주고 왔다. 남편이 저쪽에서 뛰어오고 있으면 눈치채지 못하도록 차에 올라타 시치미를 떼고 앉아 있곤 했다. 돌아온 남편은 고개를 갸우뚱거리다가 이내 눈치를 채고는

"차에 우렁각시가 타고 있나 보네." 하며 진짜 그러지 말라고 당부했다. 그래도 난 말 안 듣는 착한 아내가 되어 남

편과 함께 뛰고 또 뛰었다. 우린 이렇게 알콩달콩 소꿉놀이 하듯 집에서나 밖에서나 마냥 재밌고 행복했다. 양가 어머니들은 임신부가 왜 힘든 일을 하느냐고, 그러지 말라고 걱정하셨지만, 그래도 나는 하나도 힘들지 않았다. 계속 행복했고, 노력한 만큼 결과가 있는 것도 보람 있고 즐거웠다.

다양한 색깔의 행복

27세

　　　　예쁜 손수건을 골라 바닥에 깔고 정성껏 준비한 도시락을 얹어 매듭으로 묶어서 출근하는 남편 손에 들려주었다. 잘 다녀오라고 배웅하는 아침 출근길, 보통의 신혼부부에게서 흔히 볼 수 있는 장면일 수도 있을 테지만, 우리에겐 결혼 후 처음 있는 일이어서 또 다른 행복을 맛보는 시간이었다.

　매일 점심, 도시락을 펼칠 때마다 남편이 볼 수 있도록 작은 손 편지도 넣어주었다. 남편을 정성스럽게 대하는 나만의 방법이었다.

　'세상 어느 관계든 정성을 다하면 서로가 행복해진단다!'

엄마는 늘 그렇게 말씀해 주셨다. 가까운 사이일수록 더 예의를 갖추고 정성으로 대하라고…….

남편을 출근시키고 혼자 집에서 지내면 한가할 줄 알았다. 그런데 하는 일 없이 바쁘다는 게 이런 건가 싶었다. 표도 나지 않는데 하루가 정신없이 지나갔다. 남편이 출근하면 우선 태교를 위해 클래식 음악을 틀어놓았다. 나 나름 성악을 전공하려 했던 노래 실력으로 뱃속 아기에게 틈나는 대로 가곡을 불러주기도 했고, 정성을 담은 목소리로 책을 읽어주기도 했다.

여러모로 아기를 맞이할 준비와 함께 남편과의 저녁 식사를 준비하다 보면 하루해가 넘어가기 일쑤였다.

틈나는 대로 라디오를 들으며 여러 사람의 살아가는 사연도 듣고 하다가, 나도 방송국에 직접 편지를 보내기도 했다. 몇 개 라디오 프로그램에 내 사연이 선정되어 방송에 소개되기도 했고, 그래서 상품도 여러 번 받았다. 그렇게 받은 상품이 실생활에 큰 도움을 주기도 했다. 그것은 라디오를 들으며 운전하고 있는 남편과의 간접 소통이기도 했다. 남편도 그런 나를 보며 엄청나게 뿌듯해했다.

하루는 방송국에서 전화가 왔다. 내가 보낸 사연을 들은 어느 청취자께서 우리를 돕고 싶다고 방송국으로 연락하셨다고 했다. 능곡에서 하우스 농사를 짓고 계신 분이었는데, 필요한 농산물을 우리에게 무상으로 주고 싶다는 것이었다.

세상엔 고마운 분들이 많구나! 하늘은 스스로 돕는 자를 돕는다고 했던가. 참 감사한 일이었다. 내가 사는 모습이 누군가에게 감동을 주었다니, 그리고 그 마음이 이렇게 우리에게 전해지다니……. 갑작스러운 소식이 눈물 나게 반가웠고, 저녁에 남편이 귀가하자마자 그 이야기를 나누었다.

"우리 지금처럼 열심히 살자! 저렇게 응원해 주시는 분들이 있으니 우리도 책임감 있는 어른이 되자!"라고 두 손을 꼭 잡으며 다짐했다. 마음은 정말 감사했지만, 무상으로 도움을 받는 것은 우리의 생활신조와 거리가 멀기도 했고, 또한 우리는 더 이상 야채 장사를 하고 있지 않았기 때문에 정중히 사양의 뜻을 전달했다.

그렇게 남편은 주어진 회사 일에 열심히, 나는 나대로 집안일에 바쁘게 하루하루를 보냈다.

남편이 회사에 들어간 지도 어느덧 한 달이 지났고, 그렇게 남편의 첫 월급날이 되었다. 남편은 회사에서 받은 월급봉투를 뜯지도 않고 가져와 나에게 열어보라며 건네주었다. 나는 남편에게 함께 개봉식을 하자고 제안했다. 남편은 봉투의 몸체를 잡고 있었고 나는 봉투의 입구를 열었다. 누런색 봉투에는 현금이 가득했다. 얼른 꺼내어 세어보았다. 우린 참 계산을 잘하는 것 같으면서도 그 반대일 때가 많았다.

입사할 때 월급이 얼마였는지 물어보지도 않았던 것이었다. 첫 월급을 헤아리면서 그게 얼마인지 확인하는 게 아니라, 마치 어린아이가 세뱃돈을 받았을 때처럼 마냥 궁금하고 신나서 세어보는 그런 마음이었다. 겨우내 공칠 수도 있었는데…….

안도의 마음도 들어 액수와는 상관없이 그저 부자가 된 기분이었다.

그런데 웬일인가? 이튿날 남편이 또 월급봉투를 가지고 온 것이었다. 무슨 돈이냐고 눈을 동그랗게 뜨고 물었더니,

"어제 경리가 내가 지입인 것을 모르고 일반 직원 급여기준에 맞춰서 준 거래. 추가로 차대비를 지급하는 것이라고 해서 받아 왔어."라고 했다. 우린 또 신이 났다. 갑자기

월급이 두 배로 늘어나니 얼마나 기뻤는지 모른다.

 급여를 적게 줬는데도 따질 줄도 모르고 성실히 일만 하는 남편이 그 회사 경영진에게는 특별한 사람으로 보였던 것 같았다. 직원들 면접을 보던 전무님이 본인과 같은 대학에서 같은 전공을 한 남편을 보고 동문이라고 하며 더 특별히 신경을 써주시기 시작했다.
 그럴 때쯤 그 회사 내부에서 노사분규가 일어났다. 그로 인해 서울·경기 지역 작은 서점들이 주문한 도서를 당일 오후까지 배송해야 하는데 업무가 중단되었다. 회사에서는 임원들까지 총동원하여 배송을 처리해야만 하는 상황이었다. 3개월만 도와주기로 하고 들어간 것이어서 직원들은 남편을 직원으로 인정하지 않는 것 같았다.
 남편은 당시 출판사를 상대로 반품 전달 일을 하고 있었는데, 그 일을 마치는 대로 임원 한 명과 함께 인천과 부천 쪽 배본을 맡아달라는 부탁을 받았다. 회사가 어려운 상황이니 기꺼이 그러겠노라 했고, 그때부터 남편은 거의 한 달이 넘도록 자정 넘어 집으로 돌아왔다. 처음엔 임원분과 함께 다녔지만 계속 그러기에는 예의가 아닌 것 같아 본인 혼자 해보겠다고 하고서는, 하루에 공중전화비로 몇천 원이 나갈 정도로 위치를 물어 찾아가고 하다 보니 늦게 끝날 수밖에 없었던 모양이었다.

　남편은 아무리 일이 늦게 끝나도 저녁밥은 집에 와서 함께 먹었다. 배고픔을 참느라 배가 등에 붙었을 거였다. 휴대폰이 없던 시절이어서 남편이 언제쯤 돌아올지 몰라 밥을 미리 준비해 놓고, 마을 어귀에 나가 나는 망부석처럼 남편을 기다리고 서 있었다. 그래도 늦게까지 불이 켜져 있는 슈퍼마켓이 있어서 그 앞에서 남편을 기다리니 그리 무섭지는 않았다. 멀리 남편 차 전조등 불빛이 보이기 시작하면 나는 그새를 못 기다리고 차가 오는 쪽으로 뛰어 내려갔다. 그렇게 만나면 남편은 나를 차에 태우고 집까지 함께 왔다. 하루는 남편에게 물었다.

　"힘들지?"
　"아니, 하나도 안 힘들어. 이렇게 열심히 해야 곧 태어날 소중한 우리 딸에게 저 슈퍼 아이스크림 말고 배스킨라빈스 고급 아이스크림 사 먹일 수 있지."

　그런 아빠의 감동적인 말을 들었는지 뱃속에 있는 딸은

아주 좋아서 발레를 하는 것처럼 움직임이 컸다.

　남편은 노사분규가 마무리된 뒤에도 회사 걱정을 많이 했다. 약속했던 3개월의 시간이 다 되어가는데도 본인의 하루 물량을 싣고 나가서 모두 처리한 뒤 회사로 복귀하면 다시 반품이 산더미처럼 쌓여 있었다.
　남편은
　'안에서 일하는 사람들은 능률도 안 오르고, 회사에서도 반품을 얼른 빼내야 출판사에 지불을 덜 하게 될 텐데…….' 하면서 걱정하고 있었다.
　많은 물량을 하루빨리 해결하기 위해 일요일에 전체 물량을 학교 운동장에 펼쳐놓고 전 직원이 다 달라붙어 출판사별로 분류만 해놓는다면 좋을 텐데…….
　그렇게 하면 배송은 어떻게든 본인이 해볼 수 있을 것 같은데, 누군가가 나서지도 않고 저러고들 있으니 답답하다고 계속 걱정했다. 입사 3개월짜리가 나서서 뭐라 한들 귀 기울이고 들어줄 사람이 없을 것 같았다.
　그렇게 열심히 일하니 회사에서는 3개월이 지나도 놓아주질 않으려 했다. 동문이며 선배님인 전무님이 따로 불러서 조금만 조금만 더 도와달라 하셔서 3개월을 훌쩍 넘긴 시점까지 계속 일을 하는 중이었다.

나중에 알고 보니 출판사 사장님들도 서로 만나기만 하면 "그 ○○서점에서 매일 반품 가져오는 조 군! 알지요? 그 친구는 참 부지런하고 인사도 잘하고 무엇이든 원하는 대로 다 처리해 줍디다. 그렇게까지 성실한 친구는 보지 못했던 것 같아요." 하면서 이구동성으로 칭찬들을 하셨다고 했다.

원래 우리 아기가 태어날 예정일은 우리의 결혼기념일과 같은 날이었다. 하지만 아기는 그날 태어나면 눈치 없다 할까 봐 그랬는지 예정일보다 하루 빨리 아빠가 쉬는 일요일에 맞춰 세상과 첫인사를 했다.

"아기가 너무 예뻐요. 눈도 크고 어쩜 이리 예쁠까요."

간호사의 말소리가 열두 시간의 진통과 싸우느라 만신창이가 된 나에게 선물처럼 들렸다. 열두 시간 동안 아기도 힘들었을 텐데 잘 견뎌내고 건강하게 내 품으로 와주어 고마움의 눈물이 하염없이 흘렀다. 4킬로그램의 몸무게로 태어난 우리 아기는 태어나자마자 머리도 새까만 것이 이미 몇 주 된 아기처럼 모든 면에서 빨랐다. 그러다 보니 주인집 가족은 우리 아기에게 더욱 빠져서 아기가 바닥에 누워 있을 시간을 안 줬다.

처음 태어났을 때 할머니가 태어난 시를 묻고 얼굴을 보고는

"그놈 귀염성과 복을 타고났네." 하시더니, 그 말씀대로 태어나자마자 인기로 피곤할 지경이었다.

MBC TV에서 아침 8시에 생방송 되던 「아침을 달린다」라는 프로그램이 있었는데, 하루는 '용돈'을 주제로 글을 공모한다는 안내를 했다.

낮에 아기를 재우고 나서 문득 그 생각이 나서 나는 글을 쓰기 시작했고, 저녁때 마을 아래 우체국에 가서 방송국으로 그것을 보냈다. 될지 안 될지도 모르는데 누구한테 말하기도 그래서 그냥 잠자코 있었는데, 일주일 정도 지난 어느 날 낮에 전화벨이 울렸다. 내가 보낸 글이 채택되었는데, 사흘 뒤 아침 8시 생방송에 남편과 함께 출연해 줄 수 있느냐는 전화였다.

라디오도 아니고 전국적으로 방송되는 TV 프로그램에 내가 출연을 한다고? 꿈인지 생시인지 모를 정도로 너무 기쁘고 놀라웠다. 전화를 끊고 형님들에게 전화를 드렸다.

가족들도 신기한지, 놀라면서도 모두 내 일처럼 기뻐했다. 저녁에 집으로 돌아온 남편에게도 이 사실을 알렸다. 내성적인 남편은 좋아하면서도 한편으론 긴장이 됐는지 편한 얼굴이 아니었다.

그렇지만 우린 TV 생방송 출연을 무사히 잘 마쳤고, 이후 한동안 주위 사람들에게 스타 대접을 받으며 행복한 시간을 보냈다.

며칠 안 되는 시간이었지만, 우리에겐 소중한 추억의 한 페이지로 남게 되었다. 무엇보다 제대로 된 정장 한 벌 없던 우리였는데, 출연료와 더불어 부상으로 남편 양복 한 벌과 내 양장 한 벌을 받았다.

사는 동안 이런 행운은 가끔 우리를 찾아왔다. 다양한 색깔의 행복은 아무래도 어디선가 몰래 우리를 지켜보다가 우리가 열심히 살다 지칠 때쯤 간혹 찾아와 행운이라는 이름으로 행복을 선물해 주는 것 같았다.

두 대의 차량에 날개를 달고

28세 ──

우리 아기의 첫돌이 되었다.

태교는 좋은 것이었다. 아기는 클래식이 나오는 레스토랑같이 분위기 좀 즐기려고 마음먹고 가는 곳에선 기분이 좋은지 꼭 응가를 했다. 리듬은 또 얼마나 잘 타는지 김흥국의 「호랑나비」만 나오면 엉덩이를 씰룩씰룩했다. 아기의 호랑나비 엉덩이춤은 백만 불짜리라고 동네에 소문이 날 정도였다. 눈도 크고 예뻐서 얼굴이 인형 같다고, 동네 사진관에서 돌 사진을 걸게 해달라고 예약할 정도였다. 우리 집 바로 앞에 놀이터가 있다 보니, 자주 나가는 놀이터에선 동네 아주머니들이 예쁜 아기가 나왔다고 서로 안아보겠다 난리였다.

  돌잔치 날엔 음식을 풍족하게 준비했다. 사람이 많이 참석한 것도 이유였지만, 우리 아기가 주위 사람들로부터 사랑을 많이 받고 있으니 앞으로도 그렇게 계속 사랑을 받았으면 하는 바람 때문이기도 했다. 또한 감사한 마음으로 주위 분들을 정성껏 대접하고 싶었다.
  남편의 회사 동료들도 초대했다. 처음에는 단칸방의 비좁은 부엌이라 망설였지만, 집 앞에 놀이터가 있어 주변이 넓고 여유 있을뿐더러 차량 주차와 신발 정리 공간도 충분해 모두 초대하자는 게 우리 부부의 결론이었다. 그래도 방은 좀 넓어서 다행이었다.
  우리 아기와 남편을 위해 처음으로 사람들에게 음식을 대접하는 일이다 보니 나에게는 재밌고 신나는 경험이었다.
  입덧으로 힘들던 시간, 산통으로 열두 시간을 견디던 아픔은 이미 1년도 안 돼 다 보상받은 것 같았다. 앞으로 아기와 함께할 행복한 우리의 미래가 어떤 모습으로 기다리고 있을지, 상상이 안 될 만큼 기대됐다.

  어느 날 남편이 의논할 게 있다고 하여 남편과 나 그리고 우리 아기까지 함께한 우리 집 최초의 가족회의가 열렸다.

본인이 반품을 전달하러 출판사들에 매일 방문하고 있는데, 각 출판사마다 직원들이 모든 서점에 제각각 책을 배송하고 있다고 남편은 말문을 열었다.

여러 출판사가 책을 한곳으로 모아 서점별로 나누고 서점별로 한 사람씩만 배송하러 간다면, 시간적으로도 그렇고 여러모로 효율적일 것 같아서 몇 곳 출판사 사장님에게 의견을 전했더니

"조 군이 한번 해보겠나? 내가 몇몇 출판사에도 이야기해 볼 테니." 그러셨다는 것이다.

이제 가락동 총각이 교양 넘치는 출판계에 들어와 '조 군'이라 불리고 있었다. 조 군이란 호칭이 총각보다는 교양 있게 들려서 자못 심각한 이야기 도중 피식 웃음이 나왔다.

그러면서 그런 일을 작게나마 시작한 데가 이미 아홉 팀 정도 있다며, 우리나라에 출판사 수가 엄청 많으니 열 번째로 일을 시작하더라도 꽤 도전해 볼 만한 것 같다는 것이었다. 다시 야채 장수로 돌아가는 것보다 새로운 일을 시작해 보고 싶다는 것이 의견의 요지였다.

나는 기꺼이 찬성표를 던졌다. 회사에 처음 들어간 지

얼마 안 된 시점임에도 불구하고, 잠시 머물 회사 일로 늘 고민하면서 해결책을 찾으려 노력하는 남편을 옆에서 지켜보면서, 어떤 일이든 잘해 낼 거라는 믿음을 강하게 갖고 있었기 때문이었다.

그런데 관건은, 지금 하고 있는 일을 나 몰라라 하며 그만두고 나오기 힘들 것 같다는 고민이었다. 그래서 나는 사실대로 '새로운 일을 해보려 하는데 대체자가 구해질 때까지 새로운 일과의 병행을 이해해 주신다면 현재의 회사 일도 문제없이 처리해 드리겠다'라고 이야기해 보면 어떻겠냐고 남편에게 제안했다.

그래서 남편은 여기에 더해 급여는 지금의 50퍼센트만 받는 조건으로 이야기해 보기로 했다. 다행히 회사에서 우리의 계획을 수용해 주기로 하여 본격적으로 새로운 일에 대한 준비에 들어갔다.

첫 번째, 우리가 할 일은 목표 설정이었다.

그래서 제일 큰 서울 지도를 사다가 단칸방 벽에 붙였다. 한 군데 두 군데 거래처가 늘어날 때마다 출판사 위치에 빨간색 동그란 스티커를 붙여나갈 계획이었다. 머지않아 그 서울 지도에 우리가 거래하는 출판사의 빨간 스티커가 단풍처럼 수놓아져 있을 것이었다.

두 번째, 회사 이름을 짓는 일이었다.

우리 아기 이름을 내가 지었는데, TV에서 나오는 대학생 퀴즈 프로그램을 보다가 우승한 팀의 이름을 따서 지은 것이었다. 그러다 보니 회사 이름도 내가 지어야 할 분위기였다. 몇 날 며칠 고민하다가 어느 날 문득 하늘을 날아가는 비행기를 보면서 '날개'라고 지어야겠다고 생각했다. 꿈은 원대하게! 지금은 차 두 대로 시작하지만, 나중에 우리가 만든 회사가 해외까지도 진출할 거라는 꿈과 더불어 배송은 빨라야 한다는 생각이 모여 '날개'라고 하기로 남편과 의견 일치를 봤다.

1990년 3월, 드디어 두 대의 차량으로 '날개'의 도서 배본 대행이 시작되었다. 서울 전체 서점을 커버하려면 최소한 강남과 강북 각각 한 대씩 차량이 필요했다. 마침 남편이 하는 일과 비슷한 일을 한 경험이 있다는 1톤 트럭 보유자를 소개받아 두 대로 순조롭게 시작할 수 있었다.

처음은 출판사 세 곳이었다. 출판사 수가 적고 출고량이 적더라도, 단 한 부라도 서점에 배본을 해야 하는 일이어서 물량이 늘어날 때까지는 적자를 감수하고 일해야 했다. 그래도 전 직장에서 대략 3개월간 일을 겸하게 배려해 주셨고, 급여도 일부 나와서 많은 도움이 되었다.

그동안 남편이 반품을 전달하러 방문했던 출판사들 수가 상당히 많았고 그 출판사 사장님들이 모두 좋게 봐주셨던 터라 우리가 새로운 사업을 시작했다는 소식을 듣고는

"조 군이 도서 배본 대행을 시작했대. 나도 맡겼는데 한번 생각해 봐요." 하며 홍보해 주신 덕분에 거래처가 금세 늘어났다.

3개월 뒤부터는 기존 회사 일을 정리하고 우리 일에만 전념해야 했다.

그사이 직원 수도 두 명에서 다섯 명으로 늘어나 있었다. 거래처와 함께 직원 수가 늘다 보니 관리의 중요성이 느껴졌다. 출판사에서 오전에 수거해 온 책들을 직원들이 한곳에 모여 서점별로 나누는 작업을 하고, 각자 맡은 서점의 책을 싣고 가 서점에 전달한 후, 인수증을 받아 와 다음 날 출판사에 전달하면 그것을 근거로 서점과 장부를 맞추고 수금하는 일, 이것이 우리 직원들이 하는 일이었다.

출판사에서는 전날 출고된 책이 제대로 배본됐는지 인

수증을 보고 확인하고 있었다. 그래서 남편은 당일 배송이 끝나면 직원들을 한곳으로 모아 배송 결과를 확인한 뒤 인수증을 모두 받아 집으로 가져왔고, 출판사별로 봉투 작업을 한 뒤 이튿날 거래처에 전달할 수 있도록 준비했다. 봉투 작업은 내 몫이었다.

 다른 대행사들을 보니 인수증을 봉투에 넣지 않고 그냥 호치키스로 찍어서 전달하고 있었다. 그 경우 해당 출판사의 공급률 같은 것들이 노출될 우려가 있기 때문에 거래명세서의 보안이 중요하다 생각되어 우린 봉투에 넣어 전달하기로 했다. 그리고 어떤 이유로든 당일 배본이 안 된 경우엔 이튿날 출판사 방문 전 서점에 일찍 도착해서 책을 전달하고 인수증을 받아 오는 것을 원칙으로 했다.
 만약 담당 직원의 사정이 생기면 남편이 직접 신림동 집에서 잠실에 있는 서점까지 새벽 일찍부터 나가 서점 사장님이 출근할 때까지 기다리고 있다가 재주문이 들어가지 않도록 책을 전달하고 인수증을 받아 봉투 안에 넣어, 100퍼센트 완결된 인수증을 전달하는 것을 원칙으로 했다.
 그런 남편을 보며 서점 사장님들이 받은 감동과 신선한 충격은 무척 컸다고 했다. 야채 장사 할 때의 '100퍼센트 당일 재고 소진!'이라는 원칙처럼, 도서 배송 일은 '100퍼센트 당일 배본 완료!'가 원칙이었다. 서점들에도 소문이 나서 날개와 거래하라고 출판사에 압력까지 넣는 서점도 생겼다.

1990년대 초반까지는 서점과 도매상의 입김이 세다 보니, 서점에서 이야기하는 것을 출판사 측에서는 대체로 수용해 주는 분위기였으므로 우리에겐 큰 도움이 되었다.

대신 초심을 잃고 일을 제대로 하지 않으면 한순간 무너질 수 있다는 무서운 긴장감을 늘 가지고 일을 했다.

소나기

28세 ——————————————

"날개는 날개라 날아왔나? 정말 빨리 왔네. 다른 업체는 내일 오려나? 허허허."

강동구 천호동에 있는 교민문고 서점 인수처에는 나이 지긋하신 아저씨가 대장이었다. 아저씨는 나를 보면 딸 같다며, 아이 엄마가 너무 힘든 일을 하고 다닌다고 걱정까지 해주시는 분이었다.

나는 우리 회사 직원이 새로 입사할 때마다 데리고 다니며 배송 코스를 비롯한 여러 실무 교육을 하면서 책도 함께 날랐다. 그러다 보니 서울에 있는 서점 인수처 담당자분들과 서로 살가운 사이가 되었다. 서점에 가는 날엔 음료수라도 사 들고 가서 인사하면 더 반가워해 주시는 것 같았다.

무엇보다 그분들과 가까워져서 이로웠던 것은, 직원들이 바쁘게 일하다가 가끔 책을 빠뜨리거나 배본 도착이 늦는 때가 있었는데, 그럴 때 우리가 곤란해지지 않게끔 출판사보다 우리 사무실로 먼저 연락해 주신다는 점에 있었다. 만약 서점과 관계가 좋지 않다면, 책 배송이 조금만 늦어져도 서점은 출판사에 전화해 항의하는 경우가 생기기 일쑤였다. 다행히 우리는 서점과의 관계에 신경을 써서 그런 불편한 일은 생기지 않았다.

이 일을 하다 보니 엄마가 자주 말씀하신

'정성으로 사람을 대하라!'라는 말만 명심해도 세상살이가 훨씬 수월하다는 것을 자주 깨닫는다.

거래처가 늘어나고 직원 수가 늘어난 만큼 더 세심하게 챙겨야 할 일이 많아졌다. 어쩔 수 없이 주인댁에 아이를 맡기고 나도 본격적으로 일에 전념했다.

우선 거래하는 출판사 위치와 코스별 서점 위치를 파악해야 했다. 여유 인력을 두고 회사를 운영할 만큼 여유가 없었으므로, 가장 기본적으로 운전할 사람과 차, 그리고 일을 처리할 나, 이렇게 3개 조로 완전무장을 했다.

그러다 보니 밤늦은 시간에야 우리 아이를 안아줄 수 있었다. 다행히 주인아주머니는 엄마가 없어도 될 만큼 아이에게 잘해주셨다. 깨끗하게 씻겨주시고 머리도 예쁘게 빗겨주셔서 항상 아이의 얼굴과 머리에는 윤기가 흘렀다. 얼마나 많이 먹이셨는지 배는 볼록 나와 있었다. 순하고 착해서 얼마나 예쁜지 모른다며 주인아주머니와 주인집 딸들이 아이 걱정은 하지 말라고 했다. 남의 아이를 하루이틀도 아니고 거의 매일 봐주는 게 쉬운 일이 아닐 텐데, 항상 괜찮다고 걱정 말라고 친정어머니같이 챙겨주셨다.

따뜻한 아주머니와 가족들에게 감사했고, 잘 적응해서 사랑받으며 지내고 있는 우리 아이에게도 미안하고 고마웠다.

하루는 강남 터미널 지하에 있는 한가람문고에 처음 출근한 젊은 직원을 데리고 가게 되었다. 그 서점은 물량이 많은데도 불구하고 주차장이 멀리 있어 차를 댄 뒤 열 번 이상 책을 날라야 했다.

고속버스터미널은 유동 인구가 많아 800미터 정도를 군중 사이로 지나가며 책을 날라야 했다. 거기에 질려서 그만

두는 신입 직원이 부지기수였다. 한 번 갈 때 최대한 많이 들고 가야 왕복 횟수를 줄일 수 있었다. 그래야 다음 서점에 제시간에 도착할 수 있기 때문이다. 신입 직원은 요령이 없다 보니 몸소 가르쳐줘야 했다. 그러지 않으면 하루 종일 날라도 시간이 부족했을 거였다.

그날도 마찬가지 상황이었다. 한 묶음이 스물다섯 부인데, 신입 직원은 그 한 묶음만 아기 안듯 가슴에 안고 천천히 걸어 다녔다. 나는 속이 터졌지만, 뭐라 하면 또 그만둘까 봐 행동으로 보여줄 수밖에 없었다. 나는 양손에 각각 스물다섯 부짜리를 두 묶음씩 손가락에 걸어 총 네 묶음을 들었다. 그것도 빨리 가서 내려놔야 손이 덜 아프니 빨리 뛰어야만 했다. 그렇게 일하는 방법을 보여줘야 빠르게 배워 혼자 다닐 때도 그렇게 할 테니까 힘들어도 항상 그렇게 보여줘야만 했다. 그렇게 일하는 방법을 먼저 보여주면 처음 한 덩이만 들고 가던 사람이 두 덩이를 들고 가게 되고, 나중에는 결국 똑같이 따라 하게 되는 식이었다.

나중에 그 직원과 같은 코스를 한 번 더 따라갈 일이 있었는데, 이미 나보다 훨씬 더 잘하고 있었다. 그 모습을 보고 얼마나 기특하고 예쁘던지, 내가 그의 사수였다는 게 자랑스럽기까지 했다. 그렇게 우리 날개의 직원들은 정신 무장이 잘된 사람들로 채워지고 있었다.

"빨리 비닐이라도 구해 와봐!"
"얼른! 차에 싣는 게 훨씬 빠르겠어!"

분류 작업을 하는데 갑자기 소나기가 퍼붓기 시작했다. 비에 젖으면 못 쓰게 되는 책의 특성상 완전 전쟁터 같은 상황이 벌어지고 있었다.

한강 다리 밑에 단속반이 떴다는 이야기를 듣고 단속을 피해 서빙고동 쪽 공터를 작업장으로 삼아 작업하고 있었는데, 하늘도 무심하시지, 비 예보도 없었는데 하필이면 그 시간에 소나기가 쏟아지고 말았던 것이었다. 모두가 사투를 벌이듯 책을 차에 옮겨 실어보긴 했으나, 소나기가 지나간 자리는 한숨뿐이었다. 비에 젖어버린 책을 변상해 줘야 하는 것도 걱정이었지만, 가장 걱정인 것은 오늘 주문한 책들을 기다리고 있을 서점들이었다.

'우리 때문에 책을 못 팔게 될 텐데······.'

그래서 나는 전체 거래명세서를 가지고 전화를 쓸 수 있는 곳을 찾아 들어가 전화비는 충분히 드리겠다며 상황을 설명하고는 일일이 서점에 전화하기 시작했다.

사정을 말씀드리니 걱정해 주시는 분이 많았다. 당장은 책 상태가 불분명하니 재주문을 넣어달라고 부탁을 드렸다. 그런 다음 출판사들에 전화해 똑같이 말씀드리며, 저희가 사고에 대해서는 배상해 드릴 테니 일단 서점에서 재주문이 들어오면 재출고를 해주십사 부탁드렸다. 손상된 도서는 따로 찾아뵙고 전달해 드리겠다고 일일이 말씀드렸다.

그렇게 응급조치를 취한 뒤 정신을 차려보니 다행히 전체 도서가 문제 되진 않았다. 문제 된 도서들은 집으로 가져가서 최대한 닦고 말려 며칠 뒤 출판사들을 일일이 방문하여 사과하며 전달했다.

거의 모든 출판사가 천재지변을 어찌 막을 수 있겠냐며 변상 요청을 하지 않고 반품 처리를 해주셨다. 그날 빠른 조처로 재주문할 수 있게 처리해 줘서 판매에는 큰 지장이 없었으니 오히려 고맙다고 말씀해 주셨다.

우리는 정말 복이 많은 사람이었다. 우리 주위에 이렇게 좋은 분들이 많으시니 그 어떤 부자도 부럽지 않았다.

여러 우여곡절을 겪으며 일을 해온 지 1년이 지난 시점에서 날개라는 이름은 출판사들과 서점들 사이에서 어엿

한 도서 배본 대행사로 인정받게 되었다.

처음 시작할 때 배본 대행사 규모 순위 열 번째였는데 어느덧 5순위까지 올라와 있었고, 거래처는 세 곳에서 일흔 곳으로, 차량은 두 대에서 일곱 대로 늘어나 있었다.

거래처에 전달할 인수증 봉투를 가나다순으로 매일 방바닥에 깔아놓고 작업했는데, 자리가 부족해 다 깔 수 없는 상황이 되었다.

벽에 붙어 있던 서울 지도는 무르익기 직전의 단풍 색깔로 바뀌어 있었다.

아주 센 예방주사

29세

직원이 많이 늘었다. 그런데 직원들이 출근해서 차 한잔 마실 곳이 없었다. 나 또한 현장 일과 집안일을 병행하다 보니 지쳐가고 있었고, 특히 아이를 매일 주인아주머니께 맡기고 다녀야 하는 것이 마음에 걸렸다.

그래서 삼각지에 두 칸으로 된 1층 사무실을 하나 얻었다. 안쪽에 있는 한 칸은 방으로 사용하고, 입구 쪽에 있는 한 칸은 주방 겸 사무실로 사용할 수 있을 것 같았다. 화장실은 밖에 따로 있어서 여럿이 함께 사용해야 했다. 직원들은 아침저녁으로만 잠깐씩 들를 것이기 때문에 내가 아이와 함께 일도 하면서 쉬기에는 더없이 좋은 공간이었다.

그동안 많은 도움을 주신 주인아주머니와 헤어져야 한다는 것은 아쉽고 힘든 일이었다. 그곳은 우리의 신혼집이었고, 우리 첫아이가 태어난 곳이며, 그곳에 사는 동안 우리가 여러모로 조금씩 성장할 수 있었던 기운이 좋은 집이었다. 서로 눈물을 흘리며 꼭 성공해서 좋은 모습으로 찾아뵙겠노라 인사를 하고 헤어졌다.

직원 중 한 명이 우리 이삿짐을 보면서 아직까지 짤순이도 없냐며 자기 누나 집에 있는 걸 가져다줬다. 덕분에 모든 것을 갖춘 집이 되었다. 이사를 하고 우리 아이는 혼자 사무실 밖에 나가 놀기도 하고 또 놀러 나온 친구들과 곧잘 어울리는 세 살배기가 되었다.

그러던 어느 날 신기한 일이 생겼다. 아이가 밖에 놀러 나갔다가 바람에 날아다니고 있는 반품서를 주워 들고 왔다. 그러고는 글씨도 모르면서 짧은 발음으로 "반품서, 엄마 반품서." 하며 나에게 건네주는 것이었다. 진짜 서점에서 작성된 빨간 글씨의 반품서였다. 직원 중 한 명이 흘리고 간 모양이었다. 엄마가 되면 자기 아이가 세상에 없던 천재인 줄 안다더니, 오늘만큼은 우리 아이가 그런 천재였다.

아기 때 옹알이를 할 즈음에도 우리 아이는 내가 누워서 책장을 넘기면 책을 읽듯이 옹알옹알했다. 옹알이를 멈추면 그 페이지는 다 읽은 거였고, 다시 책장을 넘기면 다시 옹알옹알하며 책을 읽어 내려갔다. 지금처럼 녹화할 수 있는 휴대폰 카메라도 없던 시절인지라, 너무 신기해서 그 책과 함께 아이를 데리고 형님 댁으로 가서 보여드렸던 기억이 난다.

사무실이 생기면서 나와 아이는 함께 있는 시간이 많아졌고, 가능한 한 어떤 일을 보러 가더라도 함께 다니게 되었다. 그 또한 새로운 색깔의 행복이었다.

우리가 급속도로 성장하는 것이 앞서 있던 회사들에 부담이 되었는지, '대행사 연합체'라는 모임에 나오라는 요청을 자주 받았다. 서로 각자의 거래처를 건들지 말자는 일종의 담합행위를 위한 모임 같았다. 우리의 생각은 달랐다. 서로가 선의의 경쟁을 해야 물류가 발전할 수 있는 것이지, 그 정도의 노력 없이 거래처를 쉽게 잡고만 있으려는 것은 옳지 않다고 생각했다. 그러던 차에 성품이 조용하고 점잖은 몇 분의 대행사 사장님이 우리 사무실에 놀러 오기 시작했다.

예나 지금이나 남녀나 노소나 자꾸 어울리다간 일이 벌

어진다는 걸 나는 알고 있었다. 그분들이 그렇게 3개월 정도를 오가던 시점이었다.

무더운 7월, 대행사 연합체에서 전체 대행사의 배송 업무를 통합 운영한다고 결정했다. 한 곳도 빠짐없이 참여해야 한다는 것이었다. 사무실과 현장을 통합 운영하면 경비가 절감된다는 논리였다.

난 아무리 머리를 굴려보아도 불가능한 일이라고 생각했으나, 우리만 빠져나올 수도 없는, 거대한 늪에 빠진 기분이었다.

그렇지만 이 상황을 가까이에서 보고 있어야 만약의 경우 대처를 할 수 있을 것으로 판단했기에, 해당 통합 운영 조직에 나도 들어가는 것에 동의를 받았다. 그 와중에 나는 우리 거래처와 직원들을 내가 직접 챙길 수 있는 환경에 있다는 것을 다행스럽게 생각했지만, 개인적으로 해결해야 할 중요한 숙제가 기다리고 있었다.

적은 보증금으로 사무실을 얻었던 것이어서, 그 보증금으로는 우리 세 식구 들어가 살 집을 얻는다는 것은 서울에서 엄두도 못 낼 일이었다. 그래서 여기저기 알아보다가 고양시 덕양구 능곡에서 2킬로미터 더 들어가는 시골집 사랑채를 구했다. 화정지구 개발이 시작되어 전셋값이 엄청나게 올라 있던 때였다. 그렇게 들어간 집은 신혼집과 구조가 비슷했다. 방이 한 칸 더 있다는 것과 부엌이 조금 넓다는 것 빼고는 거의 같았다. 여전히 화장실은 밖으로 나가야 했고, 씻는 것도 부엌에서 해결해야 했다. 가진 돈이 적으니 우리가 갈 수 있는 곳은 이곳밖에 없었다. 우리 아이에게 제일 미안했다.

능곡에서 서대문까지 출퇴근해야 하는 것도 문제였지만, 더 큰 문제는 아이를 돌보는 일이었다. 일단은 일을 해야 했으므로 멀리 계신 엄마에게 도움을 청했고 다행히 엄마가 와주셨다. 이사한 집을 보고 엄마가 많이 놀라셨다. 더 좋아지는 건 고사하고 이젠 이런 시골까지 들어왔냐고 한탄하셨다.

그렇게 집안일을 수습한 뒤, 드디어 통합 운영 시스템이 처음 가동되는 날이 왔다. 일단 각 사의 직원과 차량은 모두 동원된 상태였고, 첫 번째 작업인 수거까지는 각자가 알아서 하는 일이니 문제 될 게 없었다. 그런데 열두 곳이나 되는 대행사에 평균 여섯 대씩만 계산하더라도 총 일흔두 대의 차량이 순서대로 하차해야 배본 출발을 할 수 있는 일이었다. 처음 계획대로 진행되기는 어려운 상황이었다.

평소 같으면 배본이 다 끝났을 시간인데도 차들은 출발도 못 하고 있었다. 그러니 지방으로 내려갈 도서들까지 문제가 될 수밖에 없었다. 하루하루 시간이 갈수록 해결의 실마리를 찾을 수가 없었고, 각 출판사와 서점에서 불만의 소리가 터져 나오는 심각한 상황에까지 이르렀다. 결국 열흘 정도를 버티다 해산하고 말았다. 열흘 만에 막을 내린 이 사건은 누구에게도 말하기 부끄러운 일이 되었다.

해산 발표가 난 뒤 우리는 거래처나 직원들의 큰 동요 없이 원래 일하던 대로 바로 제자리를 찾을 수 있었다. 그러나 다섯 곳 정도 되는 작은 대행사들은 사업을 포기할 수밖에 없었고, 인수합병 형태로 대형 대행사에 흡수된 곳도 있었다.

대한유통이라는 대행사가 우리와 함께 일하길 원해서 우린 그곳과 합병하였다. 그리고 나니 거래처 수도 늘고 직원 수도, 차량 대수도 늘어서 우린 자동으로 업계 3위권으로 진입하게 되었다. 집은 당분간 그냥 두고 시급하게 사무실부터 얻어야 했다.

우리 날개는 서부이촌동 아파트 1층에 있는 사무실을 얻어 새롭게 다시 시작했다. 나는 대한유통에 있던 직원들이 우리와 조속히 하나가 될 수 있도록 챙기는 일에 더 많은 신경을 썼다. 사무실 위치가 원효대교 옆에 있어서 자연스럽게 책 분류 작업은 원효대교 북단 초입 다리 아래서 하게 되었다. 사무실이 가까워 업무도 효율적이고 일하기에 더없이 좋은 환경이 되었다. 가끔 직원들을 응원하기 위해 출근할 때 소고기와 버너를 가져가 소불고기를 해주기도 했다. 대한유통에서 온 직원들은 복지가 좋아졌다고 느꼈는지 조금씩 마음을 열고 한식구가 되어가고 있었다.

  사람이 인생을 사는 동안 좋은 기회도 어려운 고비도 몇 번씩 온다는 말이 있다. 우리에게 이번 상황은 자칫하면 모든 것을 다 잃는 위기였을 수도 있었겠다는 생각이 들었다. 이렇게 우리는 초보 사업가로서 아주 센 예방주사를 맞았다.

천재라고 불러주고 싶었다

30세 ——————————————

　　　　대행사 통합 운영이라는 아주 센 예방주사를 맞고 난 뒤, 우리는 우리만의 색깔을 살려 경쟁력을 높이고자 열심히 노력하고 있었다.

경쟁력을 높이려면 교보문고나 종로서적 같은 큰 서점에 들어가는 물량을 모두 첫 코스로 잡아야 했다. 서점 인수처 골목에는 늘 대행사 차들이 도착한 순서대로 줄지어 서 있었다. 매일 벌어지고 있는 그 광경이 주변을 지나는 사람들에게 큰 구경거리가 되기도 했다. 우리의 차별화 작전은 원래 그랬던 것처럼 당일 100퍼센트 배본 원칙이었다.

첫째, 대형 서점인 교보문고와 종로서적에 각각 따로 배차하고 1차로 차량을 각각 먼저 출발시켜서 날개 차량이 1등으로 도착하게 했다. 그렇게 되면 우리의 물량이 많기 때문에 우리 뒤에 도착하는 다른 대행사들은 삼십 분에서 한 시간 이상씩은 기다려야 하므로 자동으로 다음 서점 도착이 우리보다 그 정도는 늦어질 것이고, 그렇기 때문에 서점이 각 대행사에 주는 평가 점수에서 우리가 우위를 차지할 수 있게 되는 것이었다.

둘째, 우리는 주말이면 교보문고에 나가 매장에 꽂혀 있는 책을 살피고 다녔다. 혹시라도 책 모퉁이가 구겨진 것은 없는지 살폈다. 그것은 우리 직원들이 책을 소중하게 다루고 있는지에 대한 자체 조사 과정의 하나였다.

셋째, 두 달에 한 번씩은 작은 서점에도 전화를 걸어 우리가 몇 번째 도착하고 있는지, 우리 직원들은 친절한지 같은 것들을 점검했다. 그러면서 불편한 점은 없는지 지속적으로 물어봤고, 거기에서 나온 내용을 반영하여 배차에 변화를 주었다.

컴퓨터가 없고 팩스만 있던 시기였다. 배차표는 물론 청구서도 수기로 작성해야 해서 갈수록 내가 할 일은 넘쳐나고 있었다. 배본일 같은 것은 시간적 제한이 있기 때문에 어렵겠지만, 그런 일만 아니라면 난 아무리 일이 많아도 겁나지 않았다. 오히려 신이 났다. 내가 속도를 내면 되는 일이었고, 그래도 부족하면 잠을 줄이면 되었다.

그렇게 날개의 모든 식구가 한마음으로 파이팅을 하다 보니 거래처는 계속 늘어났고, 그래서 차도 계속 늘려야 했다.

그 당시 남편은 계속 뭔가 변화가 필요하다고 고민하는 것 같았다. 그 고민의 결과는 이런 것이었다.

출판사로 여러 대의 차량이 매일 책을 가지러 가지 않도록 책을 한곳에 모아둔다면, 수거를 일일이 하지 않아도 되니 수거 차량과 인력을 줄일 수 있고, 수거 시간도 단축될 테니 배송 출발 시간도 더 당길 수 있게 되리라는 것. 지금 생각해도 기가 막힌 발상이었다.

그런 남편을 천재라고 불러주고 싶었다. 이 사람은 정말 사업을 안 하면 안 될 사람이었다. 계속 칭찬하고 싶어 내 입이 달싹거렸다.

우리보다 몇 년 먼저 이 시장에 뛰어든 사람들도 개선할 방법을 찾지 않고 있었는데, 열 번째 주자로 뛰어든 사람이 이렇게나 앞서가는 생각을 하고 해결책을 찾아냈다는 게 여간 자랑스럽지가 않았다. 행동파인 나는 즉시 빈 종이를 펼쳐 실행을 위한 계획을 적기 시작했다.

　먼저 책을 보관할 창고를 준비해야 했고, 그다음 출판사 창고에서 일한 경험이 있는 사람을 두어 명 합류시켜야 했다. 나머지는 우리 둘이 일도 배울 겸 현장에서 같이 거들면 될 것 같았다. 그다음은 우리에게 일을 맡길 출판사 두세 곳을 섭외해야 하는 중요한 일이 남아 있었다. 그것은 남편이 할 수 있을 것 같다고 했다.

　우리에게 창고관리를 맡기게 되면 출판사에 이로울 점을 제안서로 정리했다.

　첫째, 서울에서 가장 좋은 위치에 있는 출판사들이 비싼 임대료를 받을 수 있는 장소에 책을 보관하고 있는 것을 우리 창고로 이동시키고, 그 창고는 세를 놓아 임대료를 받는다면 출판사에는 훨씬 이익이 될 수 있다.

둘째, 출판사가 자체 창고에 책을 보관하고 관리하게 되면 현재 있는 재고를 보관할 공간보다 앞으로 몇 년간 제작될 신간 도서의 재고를 생각하여 여유 있는 공실을 늘 확보해 놓고 있어야 하는데, 우리에게 보관을 맡기게 되면 그때그때 맡긴 재고 부수만큼만 계산하여 지불하면 되므로 당연히 보관비(임대료)를 절약할 수 있다.

셋째, 지금까지는 출고량이 적어도, 출고가 많을 때를 대비하여 출고 직원이 고정으로 몇 명씩 근무해야 하지만, 위탁을 맡기면 출고되는 부수만큼만 계산하면 되므로 고정비(인건비)를 확실히 줄일 수 있다.

넷째, 재고관리에 대한 책임 부분이다. 사실 이 부분이 경영자 입장에서는 가장 중요하다고 생각된다. 자체적으로 관리를 하다 보면, 누가 책 한 권을 몰래 가져가도, 잘못 출고되어 재고가 부족해도 재고 파악을 그때그때 안 하다 보니(평생 안 하는 곳도 많았다) 펑크 나는 재고에 대한 책임을 물을 수도 없고 물을 만한 근거도 없었다. 그러다 보니 출판사는 자산에 구멍이 생겨도 그냥 구멍 난 채로 계속 운영할 수밖에 없었다. 하지만 위탁을 맡긴다면 매일매일 마감 재고 현황을 알려주고, 그 자료에 근거하여 연 1~2회 전산재고와 실물 부수가 맞는지 확인시켜 주고, 부족할 경우 변상해 주는 시스템으로 운영할 것이므로, 자체 관리보다 경영자 입장에서는 속 시원하고 비용도 절감되는 최상의 제안이 될 것이었다.

이런 내용의 제안서를 가지고 우리의 제안에 가장 관심을 보일 만한 출판사 몇 군데를 방문하여 설명했다. 그러자 곧바로 세 곳에서 우리에게 맡기겠다는 연락을 해왔다.

그다음 부지를 알아보러 다니다가 고양시 덕양구 덕은동에 예전 군부대가 있던 곳으로 조양상선 회장님 농장으로 사용 중인 곳을 알게 되었고, 우리는 그곳을 창고 자리로 물색했다. 그 농장 안에 군 막사로 사용했던 서른 평짜리 두 동으로 된 창고가 있었는데, 오래되었음에도 벽돌로 건축해서 그런지 안전해 보였다. 곧바로 우리는 그곳을 계약했다. 그곳은 주위에 멋진 조경수들이 자리 잡고 있어 풍경이 아름다웠고, 그래서 창고로 일하러 갈 때면 늘 소풍 가는 기분이었다. 어느 일요일에 일하러 나갔다가 그 회장님 댁 가족이 모두 와서 쉬고 있는 모습을 보게 되었다. 우리 아이만 한 꼬마가 새처럼 종알거리며 행복하게 뛰노는 모습을 보니 부러웠다.

"우리도 열심히 살면 저분 나이가 되었을 때 우리 아이에게도 저런 환경을 만들어줄 수 있겠지?"

"그럼, 당연하지!"

나 혼자 질문하고 나 혼자 대답했다.

그렇게 창고가 준비되었고, 이제 누구와 함께해야 하는지 적임자를 떠올려 봤다. 두 사람이 떠올랐다.

한 사람은 남편이 책을 배본하러 다닐 때 알게 된 사람이었는데, 출판사 자체 배본을 하러 다니던 동갑내기인 데다 사람이 좋고 반듯하여 남편이 평생 친구 삼고 싶을 정도로 애정을 품고 있는 사람이었다. 다른 한 사람은 우리보다 나이가 많으신 분인데, 우리가 처음 배본을 시작했을 무렵부터 거래했던 출판사의 창고에서 일하셨던 분이었고, 그때부터 지금까지 우리에 대한 애정이 컸던 분이었다. 바로 이튿날 만나서 우리의 계획을 이야기하니 두 사람 모두 마침 회사를 그만두고 일을 찾는 중이라고 했다.

이렇게 모든 일이 술술 풀리는 게 신기하고 감사했다.

드디어 출판사 책이 우리 창고로 이전하는 날이 왔다.

재고를 우리 창고로 옮기는 첫 번째 출판사는 장충동에 있었다. 그날은 우리 배본팀들 모두 설레는 마음으로 나왔다고 했다. 일렬로 창고에서 차까지 줄을 서서 연탄 나르는 방법을 썼는데, 아주 효과적인 방법인 것 같다며 직원들도 신이 나서 좋은 분위기 속에 이사를 잘 마무리할 수 있었다. 나는 나눠 먹기 좋도록 떡과 음료, 그리고 머릿고기와 김치를 준비했다.

'일하는 사람들은 무조건 잘 먹여야 한다'는 엄마의 가르침대로 음식을 풍족하게 준비해서 다들 집으로 돌아갈 때도 한 덩이씩 손에 들려 보냈다.

이삿짐 옮기는 것도 모두가 한마음으로 뭉쳐서 순조롭게 마무리가 잘되었고, 경험 많은 베테랑들이 모여서 주문 작업도 그 정도 물량은 일도 아닌 듯 잘 해내고 있었다. 모든 일이 계획한 대로 잘 진행되고 있어서 다행스러웠다.

60평 창고가 가득 채워지고 있을 때쯤이었다. 아침 일찍 창고에 출근해 보니 남편의 동갑내기 친구가 보이질 않았다. 직원들이 모두 한목소리로 연락 없이 안 나올 친구가 아닌데 하며 걱정하는 마음으로 여기저기 연락을 취하고 있었다.

그때 저쪽에서 사장님! 하고 누군가가 뛰어오고 있었다. 가까이에서 보니 그 동갑내기 친구가 다녔던 출판사의 직원이었다. 그가 남편을 부여잡고 엉엉 우는 것이었다. 청천벽력 같은, 듣고도 믿을 수 없는 소리를 하고 있었다.

"친구가 어젯밤 열차에서 떨어져 죽었대요!"

퇴근 뒤에 수색 쪽에서 학교 동창을 만나 술 한잔하고 문산에 있는 집에 가기 위해 열차를 탔는데, 덥다고 차에 매달려 몸을 밖으로 내놓고 가다가 방호벽에 부딪혀 떨어졌다고 했다.

우린 모두 할 말을 잃었다. 충격을 가장 많이 받은 사람은 절친이었던 남편이었다. 남편은 친구를 기다리는 것처럼 멍하니 정문 쪽을 바라보며 넋이 나간 채 꼼짝도 하지 않고 한동안 그냥 서 있기만 했다.

그동안 모든 일이 술술 잘 풀린다고 좋아하면서도 내심 살짝 불안하긴 했었다. 이런 일이 벌어지려고 그랬던 것이었을까!

남편과 나는 능곡에 있는 장례식장을 찾아갔다. 아직도 경찰조사 중이라 했고, 사고사이기 때문에 부검을 해야 한다고 했다. 남편은 친구가 마지막 있었던 그곳에 가보고 싶다고 했다. 우린 사고 위치를 물어 강매역 근처 그곳에 찾아갔다. 우리가 지금 왜 여기에 있는 것인지! 꿈은 아닐까? 정말 꿈이었으면 좋겠다고 생각했다. 항상 웃는 얼굴에 운동을 좋아해서 몸도 좋고 건강한 체구를 가지고 있던 친구였는데…….

저기서 "노현아!" 하며 달려올 것만 같았다. 남편도 똑같은 생각을 하고 있었는지 참았던 울음을 터트리고 말았다.

남편을 만난 뒤 그렇게 우는 모습은 처음 보는 것 같았다. 나는 울고 있는 남편을 말리지 않았다. 남편은 다음에 친구가 마지막 있었던 자리에 술과 음식을 가져와서 한잔 따라주고 싶다고 했다. 난 알았다고 아기를 달래듯 남편을 안고 토닥거리며 위로해 주었다. 그리고 삼우제를 지내던 날 우린 그곳에 가서 남편의 바람대로 친구에게 마지막 술을 한잔 따라주며 작별을 고했다.

우리가 출판업계 최초로 '도서 창고관리업'이란 업종을 시작할 때 함께해 준 친구가 있었기에, 우리는 그를 믿고 자신 있게 출발할 수 있었다. 고마운 그 친구를 영영 잊지 않을 것이다.

그리고 우리가 성공하기를 하늘에서도 지켜보며 응원하고 있을 친구를 기쁘게 해주기 위해서라도 꼭 최고의 회사로 성장시키리라 다짐했다.

한 달 뒤 친구의 부모님께서 고추장 한 통을 가지고 우리를 찾아오셨다. 아들이 보고 싶으셨던 모양이다. 평소 우리 부부 이야기를 많이 했다고 하니 친구도 부모님을 우리에게 소개하고 싶었던 것 같다.

앞서간 사람이 없는 길을 가면서

31~32세

　　　　처음 세 곳으로 시작했던 창고관리 위탁 업무는 입소문을 타 여기저기서 상담 요청이 들어왔다. 우리는 이제 시범운영이 아닌 정상적인 창고에서 본격적으로 사업을 확장해야 할 시점이라고 판단했다. 이미 상담 중인 곳의 재고만 해도 최소 200평 정도는 있어야 하는 상황이었다. 배본 망도 생각해야 했으므로 출판사와 서점들의 위치를 감안하여 마포 쪽으로 찾아다녔다.

　마포구 도화동 쪽에 우리가 필요로 하는 평수의 창고가 있었는데, 위치도 상태도 마음에 들었으나 임대료가 준비된 금액과 차이가 컸다. 그 창고는 다이어리를 만드는 Y사

건물이었다. 관리인과 조율을 해보려고 했으나 권한은 회장님에게 있어 조율하는 데 한계가 있었다. 그 관리인도 우리가 절실해 보였는지 돕고 싶어 했지만, 본인이 힘이 없어 안타깝다고 하셨다.

우리는 그분께 회장님을 직접 만날 수 있도록 연결을 부탁했다.

내가 그 회장님이라면 우리 사정을 듣고 돈이 아니라 우리의 열정과 젊음에 투자하겠다는 마음이 생겨 가격 조정을 해줄 수 있을 것 같았기 때문이었다. 그렇게 큰 회사의 회장님이시니 마음도 넓으실 거라고 기대도 되었다. 그러던 중 관리인한테 연락이 왔다.

다음 날 아침 9시까지 회장실로 찾아가 보라는 것이었다.

'두드리면 열린다.'라는 성경 구절이 우리에게 딱 맞는 결과이길 기도하며 수색에 있는 본사로 회장님을 만나러 갔다. 우린 그 창고가 왜 필요한지와 더불어

"지금은 우리가 어려워서 다 드릴 수는 없지만, 앞으로 3년만 기회를 주신다면 3년 뒤에는 정상적인 임대료를 드릴 수 있도록 사업을 잘할 자신이 있다. 투자하신다는 마음으로 우리가 창고를 쓸 수 있도록 도와달라."

라고 진심으로 사정을 했다. 그러나 기대와는 달리, 회장님

의 대답은 "NO!"였다.

 그렇게 협상이라는 공부도 해보면서 세상은 냉정하다는 것도 처음 알게 되었다.
 드디어 냉정한 사회에 처음 발을 내딛는 느낌이었다. 속상했지만, 현실이었다.
 얼른 정신 차리고 다른 곳을 알아봐야 했다. 부동산은 발품을 많이 팔수록 좋은 판단을 내릴 수 있다는 것을 깨달은 며칠간의 경험이었다. 노력은 헛되지 않았다. 발품을 팔기 시작하고 얼마 후, Y사 건물처럼 좋은 건물은 아니었지만, 마포경찰서와 담을 마주 보고 있는, 굴뚝이 높게 솟아 있어 누구든 편히 찾아 올 수 있을 만한 건물을 찾아냈다.
 마치 그 건물이 우리를 기다리고 있었던 것 같았다. 마당이 넓어서 잘만 하면 우리의 배송 현장으로도 사용할 만한 장점이 있는 건물이었다. 방직공장으로 사용되던 곳이라 건물 내부 2층까지 차량이 올라갈 수 있어, 상하차 때 비를 피할 수 있으니 우리 업무에도 좋을 것 같다는 생각이 들었다.

 내 생각대로 현재는 2층만 비어 있다고 했다. 250평으로 우리에게 꼭 필요한 평수이기도 했다. 방직공장이었던 곳인 만큼 기계를 철거한 흔적이 남아 있어 바닥이 고르지 않았고, 먼지도 많을 것 같았다. 반면에 가격이 저렴했다. 화장실 운은 여전히 없었다. 이번에도 건물 밖 재래식 화장실이었다. 나야 어쩔 수 없지만, 나중에 여직원들이 입사하면 어떤 반응을 보일지 걱정되었다. 그러나 이런저런 작은 이유로 고민할 시간이 없었기 때문에 바로 계약을 진행했다.

우리는 처음 집 장만을 한 것처럼 기뻤지만, 창고 내부의 대대적인 정리부터 해결해야 했다. 호스로 물을 뿌려가며 바닥을 대청소한 다음, 바닥에 장판을 깔았다. 책이 더러워지면 안 되기 때문에 장판을 택한 것이었다. 그다음 출판사별로 책을 정리해야 하므로, 계약된 평수에 맞게 책장을 제작해 설치한 뒤 출판사 이름표를 걸었다.

우리가 하는 모든 일에는 참고할 만한 표본이 없었다. 우리보다 앞서서 같은 길을 간 사람들이 없었기 때문이다. 그렇기에 우리끼리 아이디어를 내며 하나하나 새로운 발자취를 남겨야 했다. 우리 뒤를 따라오는 사람들이 '어떻게 이런 생각을 했을까? 그 사람들 천재 아냐?' 하면서 신기해하고 놀라워하는 모습을 상상하며 우리는 제법 도서 창고

관리 전문가다운 모습을 갖춰나갔다.

마당에 천막을 치고 양쪽에 차량을 댈 수 있도록 우리가 그동안 쌓은 비결을 배송 현장에도 반영했다. 이제 동작대교 밑에서 눈치 보며 일하지 않게 되었다는 게 가장 큰 설렘의 이유였다.

그리고 한쪽에 천막으로 된 식당도 만들었다. 우리 식구가 30명이나 되다 보니 배달시키는 것보다 직접 사람을 고용하면 비용을 아낄 수 있는 동시에 보다 따뜻한 식사를 하게 되어 좋을 것 같았다.

창고 관리 업무는 출판사의 주문을 팩스로 받은 뒤 수기로 거래명세서를 만들고, 그 명세서를 보고 책을 찾아서 서점별로 포장해 배본 차에 실어 보내면 오전 일과가 끝났다. 그다음 지방 서점에서 주문 들어온 물량의 출고 작업이 끝나고 지방 배송 업체 차량에 책을 실어 보내면 하루 일이 끝나는 것이었다.

그렇게 한창 정신없이 일하고 있던 어느 날 밤에 꿈을 꾸었다. 주문서 들어오는 팩스에서 주문서 대신 까만 쥐들이 쉴 새 없이 튀어나오는 것이었다. 그 쥐들 때문에 너무 놀란 나머지 그날 밤 나는 난생처음 침대에서 떨어지고 말았다. 창고관리 업무 역시 서두르지 않으면 안 되는 일이었고, 동시에 집중하지 않으면 안 되는 일이었다. 그러다 보니 꿈속에서까지 일을 하고 있던 모양이었다.

그렇게 이사 온 지 1년도 안 되었는데 창고가 또 부족해졌다. 기존 출판사들도 신간이 계속 나오니 재고가 늘어나고 신규 문의도 많이 들어오고 있어서, 또 어디서 창고를 알아봐야 하나 걱정하고 있던 찰나, 1층을 사용하고 있던 신문사가 부도가 났는지 사람들이 와서 기계마다 딱지를 붙이고 있었다.

남의 불행을 두고 다행이라고 하기에는 좀 그랬지만, 내 코가 석 자인 상황이라 주인에게 연락을 해봤더니 1층의 월세가 많이 밀려 곧 나가게 될 거라는 이야기를 전했다. 그래서 우리가 추가로 1층까지 쓰면 안 되겠냐고 어렵게 말을 꺼냈더니, 자기들에게 오히려 잘됐다고 좋아했다.

이렇게 일이 또 하나 해결됐다.

1층을 추가로 얻긴 했지만, 출판계 창고관리 위탁에 대한 효율성이 소문났는지 거래처 문의가 끊임없이 들어왔다. 제법 규모가 큰 출판사 두 곳을 추가로 받고 나니 다시 여유 공간이 없어져 더는 상담을 할 수 없는 상황이 되었다.

그래서 이번엔 3층으로 올라가 봤다. 1층과 2층에서 철거한 재봉틀 등의 기계들이 먼지를 뒤집어쓴 채 자기들 좀 구해달라고 외치는 듯했다. 모처럼 창틈으로 들어오는 햇살이 반가웠던 모양이었다.

3층도 2층과 같은 250평이었지만, 그곳을 쓰게 되면 2층과 3층 사이 조금 트인 공간을 활용해 추가로 사무실을 만들 수 있을 것 같았다. 다만, 3층까지 오르내리려면 화물용 엘리베이터가 필요한 상황이었다. 엘리베이터 회사에 문의했더니 다행히 설치가 가능하다고 했다. 추가로 외부 계단만 만든다면 일하는 데 큰 문제는 없을 것 같았다.

이제 주인을 만나 협상만 잘하면 되는 일이었다. 주인도 포기하고 버려뒀던 공간이었고, 청소며 공사며 우리가 모두 하고 엘리베이터와 계단까지도 우리가 설치할 테니 월세를 1층의 절반으로 해달라고 제안했다. 주인은 건물도 살리고 예상치 않았던 추가 월세도 생기는 상황이어서 반대할 이유가 없다는 듯 쉽게 허락했다.

그렇게 창고 공간을 확충했고, 더불어 내가 찜해뒀던 2층과 3층 사이 공간을 사장실과 상담실, 그리고 재무팀과 프로그램 개발자의 사무실로 만들었다. 1층에는 현장 직원들 휴게실과 전산운영팀 사무실이 있었으므로, 내가 어디든 다니면서 일 보기에 편리한 공간이 되었다.

이렇게 우린 입주 1년 반 만에 750평의 창고를 안정적으로 운영할 수 있는 환경을 갖추게 되었다.

다 지나고 우리의 오늘을 생각해 보면, Y사 창고 계약이 성사되지 않은 것이 오히려 다행이었다는 생각이 든다. 만약 200평짜리 Y사 창고에 입주했더라면 지금처럼 사업을 확장하기 힘들었을 것이다.

그 무렵 아이가 다니는 유치원에서 기쁜 소식을 전해왔다. 방송국에서 「TV유치원 하나둘셋」에 출연할 아이들을 선발하러 왔는데 우리 아이가 거기에 뽑혔다는 연락이었다. 그런데 일주일에 두 번씩 여의도 방송국으로 녹화하러 아이를 데리고 가야 한다는 것이었다.

당시 회사 상황이 내가 업무에서 빠질 수도 없었고, 그렇다고 부모의 일 때문에 아이에게 찾아온 좋은 기회를 그냥 포기할 수도 없었다. 고민 끝에 가끔 아이를 돌봐주시는 셋째 형님께 상의드렸더니 기꺼이 도와주시겠다고 하셨다. 그렇게 아이는 형님의 도움으로 「TV유치원 하나둘셋」

에 8개월간 출연할 수 있었다.

그 프로그램 출연을 통해 아이가 절대음감이라는 사실을 알게 되었다. 만약 그 기회를 포기했다면 아이의 재능을 발견하지 못했을 것이고, 아마도 우리 아이는 안타깝게 다른 진로에서 헤매며 살고 있을지도 모를 일이었다.

아이가 다섯 살이 되도록 둘째 낳을 생각도 못 하고 바쁘게 일만 해오고 있었는데, 갑자기 둘째가 들어섰다. 그 무렵 우린 한발 더 나아가기 위해 우리 업무에 맞는 전산 프로그램 개발을 준비 중이었다. 수기로 하던 업무를 전산으로 바꾸어 일의 속도를 높이는 동시에 데이터 관리와 분석, 집계 등을 위해서도 꼭 필요한 작업이었다.

우리는 둘째가 태어나기 전에 대출을 받아서라도 집을 장만하기로 결정했다. 식구가 더 늘면 매번 이사 다니는 게 너무 힘든 일이 될 것 같아 유치원과 초등학교가 가까이 있는 당산동의 한 아파트를 사서 이사했다.

그러고 나서 나는 프로그램 개발에 본격적으로 참여해야 했다. 몇 달을 컴퓨터 앞에 앉아 있어야 했는데, 전자파가 태아에게 안 좋을 거라고 걱정하는 사람이 많았다. 그러나 피할 수 없다면 즐기라 했던가! 나는 우리 둘째가 나와 함께 프로그램을 만들면 머리가 엄청 좋은 아이로 태어날 거라 굳게 믿으며 즐겁게 일했다. 그해 9월, 프로그램이 거의 완성 단계에 왔을 즈음 출산 전 마지막 검진을 받으러 병원에 갔다. 병원에 들렀다가 바로 출근할 계획이었기에 서류 가방만 들고 갔던 것인데, 이게 웬일인가! 바로 아기가 나올 것 같다며 나를 분만실로 데려가는 것이 아닌가! 마침 남편과 딸아이가 함께 병원에 가줘서 망정이지, 혼자 갔다면 크게 당황했을 것이었다.

얼떨결에 끌려 들어가 둘째를 낳은 격이 되었다. 둘째는 아들이었다. 병원에서는 끝까지 성별을 알려주지 않았지만, 난 주변 사람들에게 아들이라고 자신 있게 말하고 다녔다. 하늘은 내가 거짓말쟁이가 되지 않도록 선물처럼 아들을 보내주셨다.

첫째 때 열두 시간의 진통을 겪어 둘째 때는 수월할 줄 알았는데, 둘째 때도 여덟 시간의 진통을 겪어야 했다. 진통 끝에 간호사가

"장군 같은 아들입니다."라는 말을 해줬고, 그 말을 듣자마자 나는 나도 모르게

"이제 됐다!"라고 작게 소리냈다. 마치 역사적 임무라도 완수한 것 같은 홀가분한 기분이었다. 그때만 해도 어른들이 아들 낳는 것을 중시하던 때여서 더 그랬던 것 같다. 아기가 4.4킬로그램으로 너무 크게 태어나서 소아당뇨가 있을 수 있다는 이유로 인큐베이터에 들어가야 했다. 모든 검사를 마칠 때까지 사흘간 입원해 있었고, 퇴원 후 바로 출근했다.

입원해 있는 동안 시골에서 친정 엄마가 올라오셨다. 그때부터 우리에게 붙들려 손주를 네 살까지 키워주셨다.

남편은 딸을 엄청나게 예뻐했으면서도 아들을 많이 기다렸던 것 같았다. 아들이란 소식을 듣고는 병실을 예약하며 "특실이요!"라며 병원이 떠나가라 소리를 질렀다. 또한 아들 이름은 제대로 지어야 한다며 나도 모르게 미아리고개에 있는 작명소까지 찾아가 이름도 지어 왔다. 아들만 여섯인 형제들 사이에서 자랐으면서도 아들이 그렇게 좋았던 모양이었다.

하지만 나는 좋고 힘들고를 생각할 겨를도 없이 둘째를 낳고 사흘 만에 출근해야 했다. 그 이후부터 나는 지금까지 사람들 사이에서 '철의 여인'으로 불리고 있다.

그해 일 년 동안 얼마나 많은 일을 해낸 것인지, 내가 봐도 놀라웠다.

그리고 우리는 이제 어엿한 네 식구가 되었다.

슬퍼도 열심히 줄을 당겨야만 했다

33세

  1994년 발생한 '아현동 도시가스 폭발 사고'와 '성수대교 붕괴 사고'는 상상조차 할 수 없었던 대참사였다. 우리는 우리나라 모든 국민이 그랬던 것처럼 그 아픔을 함께 이겨내는 중이었다.

 그중 '아현동 도시가스 폭발 사고'는 우리 회사에서 1킬로미터 정도밖에 떨어지지 않은 곳에서 발생했다. 그곳은 우리가 지하철을 타기 위해 수시로 지나다니던 곳이기도 했다. 사고가 터졌을 때 온몸에 전해지던 폭음과 흔들림을 지금도 잊을 수가 없다. 사고 당시 우리는 모두 건물 밖으로 뛰쳐나왔다. 불기둥의 열기는 우리가 서 있는 곳까지 퍼져왔다. 불이 늦게 잡혀 우리 쪽까지 번졌다면 어쩔 뻔했나! 하는 상상만으로도 아찔했다.

그 일을 겪으며 종이와는 상극인 '불과 물'에 대한 경각심을 다시 한번 갖게 되었다.

1990년에 시작한 우리 사업이 5년이 된 시점이었다. 5년 동안 우리 회사는 아주 단단해져 있었다. 하루하루를 단 1초도 빈틈없이 살아낸 노력의 결과였다.

뒤돌아보니 한 해 한 해 변화와 확장으로 거듭났던 일들이 머릿속에 그림처럼 그려졌다.

벌써 마포 창고 3개 층이 다 채워진 상태였다.

이제 제2의 창고를 알아봐야 했다. 부동산을 해도 될 정도로 창고에 대한 정보를 이미 많이 확보해 놓았기에, 그중에서 고양시 덕양구 덕은동 대우자동차 부품 공장으로 사용했던 창고 700평을 살펴보았다.

우리는 창고 안에 우리에게 맞는 시설을 설치해야 하고, 한 동으로 되어 있어야 서로 간에 소통도 빨라 업무 효율성이 높아지기 때문에 가능한 한 한 동짜리 큰 평수 건물만 찾아다녔다. 당시 나와 있던 매물 중 가장 큰 평수의 비어 있는 창고가 있었는데, 언제든 입주할 수 있는 조건이라 바로 그곳을 계약했다. 그런데 그 창고는 전혀 예측하지 못한 문제점을 안고 있었다.

    여름 장마철이었다. 일요일인 데다 비도 오고 하여 집에서 쉬고 있었는데 한 직원에게서 연락이 왔다. 휴일이었지만 집이 창고와 가까워 잠깐 들렀는데, 배수구가 역류하여 창고 바닥에 물이 차오르고 있다고 했다. 일단 바가지로 퍼내고는 있는데, 이대로는 안 될 것 같다고 연락이 온 것이었다. 우리는 비교적 가까이에 사는 직원들에게 연락해 회사로 나와달라고 부탁했다. 상황을 들어보니 양수기를 가져가야 해결될 것 같다는 판단이 섰고, 그길로 우리는 양수기를 구하기 위해 농기계 매장을 찾아다녔다. 일요일이라서 그런지 문 연 곳이 없었다. 어찌해야 하나 고민하다가 농터가 많은 화전 쪽으로 좀 더 들어가 봤다. 그곳에 문을 연 매장이 있었다. 이렇게 비가 오는 날엔 양수기 사러 오는 사람들이 가끔 있어 문을 연다고 했다. 수색과 화전 지역 일부에 비만 오면 우리같이 빗물이 역류하여 낭패 보는 곳들이 꽤 있다고 했다.
    '아이고, 부동산은 무슨 부동산!'

창고를 얻을 때는 배수가 잘되는지부터 살펴봐야 했다. 아현동 폭발 사고가 있던 날, 불과 물에 대해 경각심을 가져야 한다고 다짐했건만, 얼마 지나지 않아 그 중요한 사항을 챙기지 못한 것이었다. 이렇게 수업료를 톡톡히 치른 뒤에야 새삼 깨닫게 되니, 우리는 아직 허당이었다.

창고를 두 곳에서 운영하다 보니 신경 쓸 일, 챙길 일이 참 많았다. 거래처 수와 직원 수도 늘어나고 차량도 늘어나다 보니 모든 부분에서 신경 써야 할 항목이 늘어만 갔다. 이 모든 것을 나 혼자 관리하기엔 이미 포화상태였다. 그래서 재무 업무를 담당할 경력자를 채용하기로 했다.

이제부터는 직원 교육이 중요한 시점이었다. 그래서 매일 업무 시작 전에 미팅을 하고 보고를 받고 현장을 돌며 책이 맨땅에 내려져 있는 곳은 없는지 출고할 준비는 잘되어 있는지 살피고 다녔다.

누가 가르쳐준 것은 아니었지만 무슨 일이 닥치든 혼자 판단해 결정하고 잘 헤쳐 나가고 있었다. 어떤 날엔 스스로 놀랄 때도 있었다. 나도 천재였나? 하면서…….

배송팀은 모두 남자 직원이었다. 일부는 우리보다 나이

가 많았지만, 가능하면 우리보다 어린 사람을 골라 뽑다 보니 우리 회사 직원의 평균 연령은 28세 전후였다. 젊은 피들이 모여 일을 하니 더 활기찼고, 누가 봐도 늘 파이팅 넘치는 모습이어서 우리 회사만의 색깔을 만들어가는 데 강점이 되기도 했다. 간혹 거래처 사장님들을 만나면 "어떻게 직원들이 한결같이 잘생기고 착해요?" 하며 칭찬을 해주셨다. 그럴 때면 좋아서 어깨가 으쓱 올라갔다.

그럴수록 집중하기 위해 조금 강하게, 때론 따뜻하게 리드해야 했다. 자칫 남자들의 기에 밀리면 지휘가 안 먹힐 수 있고, 그러면 조직적으로 이끌어가기에 어려움이 생길 수 있으므로 직원들은 사장인 남편보다 내 눈치를 더 많이 보고 있었다. 그때부터 나는 집에서나 회사에서나 군기 반장이었다.

남편은 좋은 사람으로, 나는 나대로 변함없이 각자의 색깔대로 잘 걸어가고 있었다. 하루하루 발생하는 세상의 일들과 줄다리기하듯, 처음에 아무것도 없이 사업을 시작한 우리는 열심히 그 줄을 당겨야만 했다.

그날도 그 줄을 당기기 위해 출발하려는데, 둘째 시숙께서 전화를 주셨다. 늘 강직한 모습으로 우리의 든든한 기둥

역할을 하시던 그분의 목소리는 떨리고 있었다. 울고 있는 것 같기도 했다.

"다섯째가 죽은 것 같아."

우리는 놀랄 겨를도 없이 차를 가지고 다섯째 형 집으로 달렸다. 분명 시숙께서 죽었다고 하지 않고, 죽은 것 같다고 하셨기 때문에 희망이 있다고 생각하며 달렸다. 주차장에 도착하니 이미 구급차가 와 있었다. 우리는 아파트 엘리베이터를 타고 올라가며 '무슨 일인지 모르겠지만, 이번에도 한 번만, 한 번만 더 살려주세요!'라고 기도했다. 엘리베이터 문 바로 옆에 있는 형의 집 현관이 활짝 열려 있었다. 들어가 보니 누군가가 하얀 천으로 덮여 있었다. 우린 물어볼 것도 없이 그 흰 천을 걷어버렸다. 형은 아주 편히 잠들어 있었다. 남편은 형을 부둥켜안고 통곡하기 시작했다. 나도 형수도 시숙도 모두가 통곡했다. 우리보다 고작 세 살 많은 사람이 벌써 가다니…….

지금 가면 안 되는 거였다. 우리보다 늦게 결혼해서 나이도 아홉 살이나 어린 아내와 이제 막 돌이 지난 아들이 있는데, 그 사랑하는 가족을 두고 어떻게 혼자만 저렇게 떠나겠다고 하는지. 일어나라고, 깨우면 다시 눈을 뜰지도 모른다는 생각으로 막 소리치고 울었다.

다섯째 형은 태어난 지 얼마 안 되었을 때부터 소아마비를 앓았다. 여섯째인 남편과는 세 살 터울이었다. 남편이 태어났을 때 형은 집을 떠나 치료를 받고 있었고, 남편이 다섯 살 되던 해에 형이 돌아와 그때부터 함께 지냈다. 그때부터 남편은 나무 수레에 형을 앉히고 이리저리 밀고 끌고 다니며 어린 시절을 보내야만 했다.

　초등학교에 둘은 함께 입학했고, 남편은 늘 책가방 두 개와 형에게 필요한 짐까지 들고 양쪽 목발을 짚고 걷는 형의 옆에서 그림자처럼 붙어 다녔다.

　중학교에 가서도 집에서 6킬로미터 떨어져 있던 학교까지 비가 오나 눈이 오나 자전거 뒤에 형을 태우고 매일 12킬로미터를 왕복했다. 그 길 중간에 언덕이 있었는데 거기가 제일 난코스였다. 그 언덕을 넘을 때는 안장에서 엉덩이를 떼고 일어나 죽을힘을 다해 페달을 굴러야 했다. 그런 모습이 대견했는지 지나가던 관광버스 안 어른들이 차창 너머로 과자와 음료수를 던져 줘 잠시 쉬며 맛있게 먹은 날도 있었다.

　중학교 2학년 때 아버님이 돌아가시고, 둘 다 서울로 올라와 유학하며 함께 자취 생활을 했다. 생활비는 형님들께서 도와주셨지만, 살림은 남편이 직접 해야 했다.

그렇게 학업을 다 마치고 남편이 군에 가 있는 동안 형은 두 번의 수술을 거쳐 한쪽 지팡이만으로 혼자 걸을 수 있게 되었다. 그 뒤로 도장 파는 기술을 배워 우리 결혼 직후 독산동에 시계방을 냈다.

그런데, 얼마 지나지 않은 어느 날 낮에 어머님과 단감을 깎아 먹다가 갑자기 쓰러졌다고 했다. 다시 비상이 걸렸고, 고대구로병원에 도착해 보니 뇌출혈 진단을 받고 긴급 뇌수술에 들어갔다. 형이 위험한 고비를 넘길 때마다 어머님 못지않게 남편도 형에 대한 애착이 클 수밖에 없었다. 자식을 수술실에 들여보내고 기다리는 심정으로 남편은 형을 위해 기도했다.

"형! 함께 살다가 죽을 때도 함께 가자! 그러니 얼른 일어나 줘!"

형은 남편의 분신과도 같았다. 다행히 형은 남편의 절실한 기도를 들었는지 거의 정상으로 돌아왔다. 그 후 결혼도 하고 아이도 낳고 잘 살고 있었는데…….

이번엔 뇌졸중이었다. 그렇게 형이 세상을 떠났다.

초등학교 4학년부터 6학년까지 나와 남편과 형은 같은

반 친구였다. 그때 남편은 반장이었고 나는 부반장이었다. 동네가 달랐기 때문에 그때는 함께 놀거나 하지는 못했다. 그러나 성인이 된 뒤 우리 둘이 사귀기 시작하면서부터 우리 셋은 어딜 가나 함께였고, 다섯째 형을 나는 '형'이라 부르기 시작했다. 그러니 형이 나와 함께한 시간이 형수와 함께한 시간보다 세 배는 길었다. 나에게 형은 그냥 형이 아니라 평생 함께할 친구이기도 했다.

그런 나의 친구이자 형제인 사람을 떠나보냈다. 남편도 자신의 분신을 그렇게 떠나보냈다. 그래도 우린 형 몫까지 잘 살아내야 했기에 세상과의 줄다리기를 위해 열심히 줄을 잡아당겨야 했다.

딸과의 약속

34세

하루는 남편이 책 배본하러 나가 있는 사이 나 혼자 2층 사무실에서 일하고 있는데, 신발도 안 벗은 채 계단을 올라오는 요란한 구둣발 소리가 들려왔다. 깜짝 놀라 나가보려고 일어서는데, 검정색 긴 부츠와 가죽 잠바 차림의 키 큰 남성 둘이 이미 내 눈앞에 와 서 있었다. 그러곤 인사도 없이 마구잡이로 접대실로 들어가는 것이었다. 순간 이런 무례한 행동을 참을 수 없어 나는 고함을 질렀다.

"누구세요! 어디서 오셨는데 신발도 안 벗고 이러십니까? 지금 이걸 어떤 상황으로 이해해야 합니까!"

내가 쉬운 상대는 아닌 것 같다고 느꼈는지 주춤거리며

사과를 했다. 그러면서 잠깐 대화를 하자 했다.

○○출판사에 문제가 생겨 압수해 가야 하니 책을 내달라는 것이었다. 방금 아래층 창고에도 무작정 들어가 책을 빼내려고 했을 게 뻔한 사람들이었다.

'창고의 책은 우리 것이 아니고 출판사의 재산이니, 출판사의 출고 지시 없이는 단 한 권도 가져가서도, 출고해서도 안 된다!'라고 철저히 교육받은 우리 직원들이 저들의 기에 밀리지 않고 나를 만나라고 올려 보낸 것이었다. 이럴 때 교육의 힘이 발휘되는구나! 우리 직원들이 믿음직스럽고 자랑스러웠다.

"우리는 출판사에서 연락받은 것이 없습니다. 그런 사정이 있다면 출판사에 연락해서 정식 출고지시서를 우리에게 보내주세요. 저는 출판사에서 돈을 받고 일하는 사람이라 출판사 책을 지켜줘야 합니다."

나는 유관순 열사만큼이나 굳건한 의지를 보여주었다. 그제야 그들은 자기들이 검사라 소개하면서 책을 내주지 않으면 우리도 처벌을 받는다고 협박했다. 나는 기가 찼다. 진짜 검사라면 '우리나라 검사들 수준이 저 정도밖에 안

된단 말인가!' 하는 생각이 들었다.

"이 사업은 제 인생을 걸고 하는 사업입니다. 우리를 믿고 맡긴 출판사 재산을, 혹 내가 다칠 수도 있어 어쩔 수 없이 내줬다고 말해야 할까요? 저는 대통령이 와도 협조할 수 없습니다! 알아서들 하세요."

아주 단호한 소리로 크게 말했더니 그들은 슬그머니 일어나서는
'다음에 또 뵙겠습니다.' 하고 가버렸다.
아래층에서 모든 상황을 긴장 속에 듣고 있던 직원들은 "와!" 하며 월드컵에서 골이라도 넣은 듯 환호했다. 그 후 이 이야기가 출판계 사람들에게 소문이 나서 그들끼리 모이기만 하면 한동안 화두였다고 했다.
그래서 우리 날개에 대한 믿음을 다시 한번 확인시켜 준 계기가 되었다.

우리가 사용하고 있던 마포 창고는 일제강점기에 지어진 건물이어서 과거를 그려내기 안성맞춤인 장소였는데, 방송국 촬영팀에서 장소를 물색하다가 우리 건물을 발견하

여 협조를 부탁해 와 그러기로 했다. 배우 주현 씨가 주인공으로 왔는데, 촬영이 끝나고 함께 설렁탕 한 그릇을 먹으며

"저렇게 책이 많이 쌓여 있는 것은 처음 봤네요. 어떻게 이렇게 젊은 양반들이 사업을 키웠을까요? 앞으로 10년 뒤엔 우리 젊은 사장님이 「성공시대」 주인공으로 나올 것 같군요."

라며 덕담을 해주셨다. 아직 갈 길이 멀었지만, 이쯤에서 이런 희망적인 이야기로 용기를 주시니 좋았다.

남편은 어릴 때부터 사업가 기질이 있었던 것 같았다. 초등학교 수업 시간에 창밖을 보며 '나같은 사람 딱 한 명 더 있으면 정말 사업을 잘할 수 있을 텐데.' 라고 생각하기도 했고, 또 집을 지으려면 벽돌만 있으면 되는 줄 알고
  '하루에 벽돌 하나씩만 주워다 모으면 언젠가 멋진 집을 지을 수 있겠지?'
  '우리나라 국민이 5000만 명이니 1원씩만 모으면 5000만 원일 텐데 그 돈이면 진짜 필요한 일을 할 수 있을 것 같은데…….' 이런 생각을 했었다고 한다. 동갑내기인 내가 보

기에도 어릴 때 이런 생각을 했다는 건 그냥 웃어넘길 일이 아니라 '예사로운 친구가 아니었구나!'라는 생각이 든다.

  회사가 바쁘게 돌아가는 사이 아이들은 소리 없이 잘 자라고 있었다.
  딸아이가 방송국에 촬영하러 다닐 때도 제대로 챙기지도 못했고, 유치원에 들어가서도 한 번도 유치원에 가보지 못했는데, 벌써 유치원 졸업식을 한다는 안내문을 받았다. 졸업식만은 꼭 참석해야 할 것 같아 줄곧 지나가면서 쳐다만 보았던 유치원에 처음 들어가 보게 되었다. 기대 이상이었다. 소문만큼이나 고급스러운 분위기였고 졸업식 행사에도 신경을 많이 쓴 게 느껴져, '우리 아이가 감사하게도 좋은 유치원을 다녔구나!' 하는 생각이 들었다. 대학도 아니고 유치원의 졸업식인데도 수여되는 상이 참 다양했다. 그중 개근상도 있었다.
  몇 달 전 집에 전화했을 때, 딸아이가 열이 나고 아파 유치원에 안 갔다고 했다. 난 성실을 최고의 덕목으로 생각하기 때문에
  '학생은 죽어도 학교에서 죽는다.'라는 마음으로 생활해야 한다며, 친정엄마한테 무조건 빨리 유치원에 보내라고

팔팔 뛰는 바람에 엄마도 딸아이도 놀라서 곧장 유치원에 갔던 날이 기억났다.

 오늘 우리 딸아이가 개근상을 받는다면 그날의 일을 내가 다시 설명해주며 칭찬해 주고 싶어 기다리고 있었는데, 딸아이의 이름은 불리지 않았다.
 열이 나는데도 유치원에 온 아이를 칭찬해 주고 인정해 주는 것이 교육 아닐까! 그 상황을 지각으로 처리해야 했을까! 도저히 이해가 가지 않아 화나는 것을 참고 있는데, 옆에 있던 엄마가 ○○ 어머니시냐며 인사를 했다. 그러면서 '○○이가 무엇이든 다 잘했는데 어떻게 상을 하나도 안 줬을까요? 이해할 수 없네요.'라고 했다. 그 소리를 듣고 나니 '이런 작은 교육 현장에서도 복잡한 일들이 일어나고 있나 보다.'라는 생각이 들었다.
 졸업식이 끝나고 딸을 데리고 롯데백화점에 가서 옷 한 벌을 사준 뒤 둘이 식당가로 갔다. 식사 주문을 하고 우리 딸의 손을 꼭 잡아주면서,
 "엄마가 봤을 때는 오늘 우리 ○○이가 대상 수상자였어, 대상 상품으로 엄마가 오늘 옷 사준 거야. 엄마 없이도 ○○이가 유치원에서 뭐든 최고 잘했다고 친구 엄마들이

그러시던데, 엄마가 인정하면 되는 거지. 그렇지?"

그렇게 위로했다. 그리고 약속을 했다.

"엄마가 회사 일이 아무리 바빠도 학교에 입학하면 그때부터는 학교에도 자주 가고 그럴게. ○○이가 학교에 자주 오는 친구 엄마들 부러워하지 않도록, 이제 엄마도 능력을 보여주겠어!"

주먹을 불끈 쥐어 보여주니 우리 예쁜 딸이 활짝 웃었다.

그날 밤 나는 아이들에게 정말 미안한 마음에 눈이 퉁퉁 붓도록 울다 잠이 들었다.

딸아이의 초등학교 입학식이 끝나고 일주일 뒤쯤 학부모 총회가 열렸다.

그날 학부모회장을 선출한다고 했다. 1차로 각 반에서 대표 한 명씩을 뽑고 그 대표들 중 학년 대표를 뽑고, 그다음 전교 학부모회장과 부회장과 총무를 선출한다고 했다.

일단 반 학부모들의 분위기를 보니 이미 어떤 엄마를 정해놓았다는 걸 느낄 수 있었다. 그 엄마는 큰아이가 고학년에 있어 이미 몇 년 전부터 학교 일을 해왔던 것 같았다. 경험자인 그 엄마가 있어 다른 엄마들은 나서길 포기한 듯했다. 담임선생님이 입후보하실 분 손을 들라고 하셨다. 나는 딸과의 약속을 지켜야 해서 손을 번쩍 들었다. 선생님도 예상치 못한 상황에 당황하시는 게 느껴졌다. 소견 발표 후 투표에 들어가겠다고 하셨다.

"저는 ○○이가 첫아이라서 아는 게 없습니다. 그래서 학부모 대표가 되어 배우면서 제가 할 수 있는 일이 있다면 무엇이든 해보고 싶습니다. 저에게 배울 수 있는, 일할 기회를 주십시오!"

학교 다닐 때 학교 대표로 웅변대회도 나갔었고, 임원에서도 빠진 적이 없었기 때문에 앞에서 연설하는 것은 자신 있었다. 다른 엄마는 갑자기 벌어진 상황에 당황했는지 소견 발표를 포기했다. 당연히 압도적인 지지로 내가 반 대표로 뽑혔다. 그렇게 나는 반 대표에 이어 학년 대표로도 선출되었다.

그다음 전체 대표를 뽑기 위해 전교 학부모가 모두 강당에 모였다. 보통은 고학년순으로 회장, 부회장, 총무가 정해졌던 것 같았다. 각 학년 대표들이 한쪽에 모여서 모두 회장 입후보에 참여하겠냐고 물으며 서로 눈치를 보고 있었다. 그래서 나는 해보고 싶다고 손을 들었고, 정상적인 절차로 소견 발표 후 전체 투표를 하는 방식으로 진행하기로 했다.

지금까지 소견 발표를 통해 전교 학부모회장을 선출한 경우는 단 한 번도 없었다고 했다. 곧 소견 발표를 하겠다고 사회자가 말하니 장내에서 박수가 터져 나왔다. 이런 뜨거운 열기 속에 1학년 대표인 내가 단상에 올라가자 박수와 환호가 연신 쏟아졌다. 그야말로 연설하기 딱 좋은 분위기였다. 나는 더 자신감이 생겼다.

"여러분! 이런 적극적인 선거 방식이 우리 학교에 처음 있는 일이라고 들었는데, 신선해 보이지 않습니까? 1학년 대표인 제가 앞에 나서서 열심히 뛰어볼까 하는데요, 이렇게 적극적인 제가 학부모회장이 된다면 어떤 일이 일어날지 기대가 되지 않습니까? 기대가 되신다면 저를 선택하시면 됩니다!"

내가 연설을 마치고 내려오자 5학년, 6학년 대표가 부담스러웠는지, 그냥 내게 회장을 하라면서 자기들이 돕겠다고 했다. 그렇게 해서 나는 학부모회장이 되었고 이후 학교 운영위원회가 생기면서 5년간 장기 집권을 하게 되었으며, 우리 딸과의 약속도 지킬 수 있게 되었다.

이제 구름 걷히고

35세 ———————————————

　　　　　배본 업무와 창고 두 곳을 동시에 관리하려니 밤을 낮 삼아 일해야 했다. 또한 거래처가 늘어나는 만큼 출고량도 계속 늘어났다. 그러다 보니 출고 마감 시간도 매일 늦어지고, 그 여파로 배송 출발 시간까지도 조금씩 늦춰졌다. 이러다가는 그동안 쌓아온 신뢰가 한꺼번에 무너질 수도 있을 것 같아 걱정되었다.

　일이 잘못되었다는 것을 처음 발견했을 때 빨리 해결하지 못하면 문제가 더 커질뿐더러, 뒤늦게 바로 잡으려하면 몇 배의 시간과 비용이 든다. 그래서 늘 긴장하며 체크해야 했다. 일단 출고 작업 시간을 단축하기 위해 우리가 남아서 신간 작업과 매절 도서 작업을 미리 해놓기로 했다. 그랬더니 출고 마감이 확실히 빨라졌다.

다음 날 출근한 직원들은 우리가 밤에 작업해 놓은 것을 보고는 그 작업이 필요하다고 느꼈는지 스스로 조를 짜서 야간 일에 동참하기 시작했다.

모든 교육은 말로 하는 것보다 솔선수범이 최고라는 것을 또 한 번 느낄 수 있었다.

그렇게 일하다 보면 보통 밤 11시가 넘어서 집에 가게 되었지만, 밤늦은 퇴근길 마포로를 지나가다 보면 근처 오피스텔에서는 아직도 환하게 불을 켜고 일하는 사람들이 많았다. 그럴 때마다 우리가 게임에서 진 것 같은 기분이 들었다.

"우리보다 더 열심히 살아가는 사람들이 저렇게나 많았네."

그렇게 이야기를 나누며 가든호텔 앞을 지나면서 남편에게 물었다.

"나중에 우리도 저런 건물을 가질 수 있을까?"

"저 건물보다 훨씬 더 큰 광화문 교보빌딩 정도는 되어야지."

그렇게 남편은 나와 약속했다. 나와 약속한 것은 다 해주는 사람이니 난 이미 교보빌딩을 가진 것이나 다름없었다.

우린 늘 열심히 일하면서 바쁘게 지내고 있었다. 조금은 마음의 여유를 가져도 되는데……. 하면서도 마음 한구석은 늘 불안했다. 창고를 임대로 가지고 있다 보니 재계약이 되지 않거나 갑자기 나가라고 하면 어쩌나 하는 불안이 늘 머릿속을 떠나지 않고 있었다.

남편은 근본적인 해결을 위해 어디서 정보를 입수했는지 몰라도, 오래전부터 중소기업진흥공단의 '협동화지원사업'에 관해 자세히 알아보러 다니고 있다고 했다.

지금 우리가 하는 창고업과 창고를 꼭 필요로 하는 출판사가 모여서 법인을 설립하면 신청 조건이 된다고 했다. 토지 매입비와 건축비 총액 중 10퍼센트만 준비하면 나머지 90퍼센트를 저금리로 빌려주는 사업이었다. 그래서 뜻을 함께할 출판사들과 상담을 시작했고, 그중에서 우리 회사를 포함하여 일곱 개 사가 선정되어 급히 법인을 설립하고 신청 서류를 준비해서 '협동화지원사업' 접수를 마쳤다.

서류 준비에 대한 경험이 전혀 없던 우리에게는 얼마나 어렵고 까다로운 일이었는지 모른다. 막말로 경기가 몇 번은 날 정도였다. 특히 우리 담당자는 정말 사람을 힘들게 하는 공무원 같았다. 나 같았으면 벌써 포기했을 텐데 남편은 끝까지 흔들림 없이 담당자가 하라는 대로 모두 해냈다. 그것을 보고 남편에게 또 한 번 놀랐다.

함께한 주주들에게는 그런 과정을 말하지 않았기 때문에 지금까지도 남편이 얼마나 힘들게 준비해서 완성한 사업인지 그들은 모를 것이다.

드디어 중소기업진흥공단의 승인이 났다. 이제 남은 숙제는 1년 안에 땅을 사서 계약하는 것이었다. 그래야 사업이 시작되는 것으로 인정됐다. 1년 뒤에도 사업을 시작하지 않으면, 그러니까 땅을 계약하지 않으면 승인은 취소되는 것이다.

파주는 군사 보호 지역이라서 건축허가 전에 먼저 군의 허가를 받아야 그다음 건축허가 심사에 들어갈 수 있었다. 거의 1년이 다 되어가도록 몇 번에 걸쳐 군 허가 조건으로 땅을 계약했다가 군 허가가 안 나서 해약하고, 또 다른 땅을 찾아서 계약하고 군 허가가 안 나서 다시 해약하고……. 그러기를 몇 차례, 더 이상 우리가 찾는 땅은 없을 것 같았다.

살면서 가장 큰 벽을 만난 것 같아 두렵기까지 했다. 땅을 보러 다니다가 지쳐서 나무 그늘에 차를 세워놓고 서로 말없이 넋 놓고 나무만 바라보고 있을 때도 있었고, 한 사

찰에 가서 기왓장에 소원을 써서 빌어보기도 했다. 교회에 나가 기도도 많이 해봤다. 우리의 능력으로 할 수 있는 것들은 다 해봤지만 해결할 방법이 안 보였다.

하루는 군 여단장이라는 사람이 군 허가를 내줄 수 있는 사람을 소개해 줄 수 있다고, 부동산 전문 업자가 이야기했다. 그래서 그 업자 말만 믿고, 남편은 현금을 싸 들고 약속 장소로 갔다. 도착해 보니 무슨 낚시터에 배 한 척을 빌려 놓고 그곳에서 술판을 벌이기 시작했다고 했다. 그렇게 새벽까지도 약속한 사람은 나타나지 않았다고 했다. 남편 입장에서도 뭐든 해야 한다는 절실한 마음으로 한 일이었겠지만 난 왜 그런 곳에 따라갔냐고, 무사히 돌아온 것은 다행이지만 큰일 날 뻔했다고 화를 냈다. 영화에서나 볼 법한 장면이어서 상상하는 것조차 무서웠다.

1년 안에 땅을 계약하지 못하면 그동안 어렵게 승인받은 것을 날리게 되는데, 시간이 갈수록 초조해서 죽을 것만 같았다. 우리는 지금까지 사업을 하면서 가족이나 주위 분들에게 금전적인 것을 포함해 어떤 도움도 받으려 하지 않았다. 그분들에게 걱정을 끼치지 않으려고 뭐든 둘이서 해결해 왔다.

그러나 이번에는 어쩔 수 없었다. 그래서 포천에서 군 연대장을 하고 있던 오빠에게 군 허가에 대한 조언을 들어보려고 한밤중에 찾아갔다.

"동생! 사기꾼들은 군 연병장에도 건물을 지을 수 있다고 말한다네. 군에서는 절대 돈 받고 허가 내주는 일은 없으니 그런 사람들에게 넘어가면 안 되네."

그러면서 일단 땅이 나오면 먼저 주위에 군 벙커가 어디에 있는지, 조 서방도 군대를 다녀왔으니 기본적으로 그 벙커가 장애가 될 만한 땅인지를 판단해 보고 계약하라고 조언했다. 군대도 상식적이고 합리적인 판단을 해서 허가 여부를 결정하는 곳이라는 이야기도 덧붙였다. 혹 그런 상황을 판단하는 데 도움받을 만한 사람이 있는지 물어봤더니, 한번 알아보겠노라는 대답을 듣고 우린 그 밤에 집으로 다시 돌아왔다.

이튿날 오빠에게서 연락이 왔다. 예전에 공병대에 있었던 사람인데 그 사람이라면 어느 정도 볼 줄 알 것 같다고, 오늘 밤 그 땅 있는 곳으로 간다고 했으니 만나 보라고 했다.

그날 밤에 만난 그분은 인사를 나누자마자 홍길동처럼 산을 거의 날아다니는 수준으로 누비고 다녔다. 그분 말로는 본인이 판단했을 때 군 허가에 크게 문제 될 것들은 눈에 띄지 않는다고 했다. 우리는 희망적인 말에 날아갈 듯이 기뻤다.

우리 관할 군부대에 군 허가 관련 서류를 접수할 때 그 서류를 확인하고 상담을 해주는 담당 대위가 있었다. 남편은 몇 차례나 불가 통보를 받고 다시 접수하기를 반복하고 있었다. 접수하러 갈 때마다 변함없이 90도로 허리 숙여 인사하는 모습을 보고 그 대위는 남편의 절실함을 읽었던 것 같았다.

남편이 다음 날 토지 서류를 가지고 가서 딱 한 번만 봐 달라고 부탁했더니 긍정적인 웃음을 보이며 접수해 보라고 했다.

그래서 우린 모험을 하기로 했다. 이튿날 군 허가와 상관없이 토지 계약을 하겠다고 연락했던 것이었다. 이번에 토지를 계약했다가 해약하게 되면 시간상 기회가 없어지기 때문에, 원래 10퍼센트인 계약금을 우린 30퍼센트로 하고 계약서를 썼다. 어떤 경우에라도 상대방이 쉽게 해약을 못 하게 하기 위한 간절한 작전이었다.

계약하고 와서도 기도하며 군 허가 결과를 기다려야 했다. 그런데 저녁 뉴스에서 파주 '교하 미니 신도시 개발' 발표 기사가 나왔다. 우리가 계약한 땅이 개발 구역에 들지는 않았지만, 주변 땅값이 오를 수 있으니 이 사실을 알면 땅 주인이 또 해약하겠다고 할 것 같아 마음 졸이며 밤을 꼬박 새웠다.

이튿날 부동산에 연락했더니, 다행히도 그 사람들은 친구 몇 명이 함께 산 땅인데, 한 친구가 돈이 급한 상황이라 지금 팔 수밖에 없다고 했다는 것이었다. 다시 한번 크게 심호흡을 했다.

계약 후 20일 정도 지났을 때 '야호!' 군 허가가 드디어 나왔다. 중도금도 순조롭게 넘어갔고, 이어서 우리는 5200평 땅에 2800평의 건물을 짓기 위한 건축허가 신청에 들어갔다.

이제 건축허가만 나면, 더 이상 이사 걱정 안 해도 되는 우리 창고가 생기게 되는 것이었다. 건축허가는 군 허가에 비하면 크게 문제 될 것이 없었고, 설사 문제가 있으면 보완하면 되는 거였다.

우리가 매입하려는 토지는 야산이었고, 그 앞에는 소규모의 가톨릭 공동묘지가 있었다. 도로는 비포장이었다. 그러나 이제 곧 근처에 미니 신도시가 생긴다고 하니 앞으로 우리의 새 창고 부지가 어떤 모습으로 변할지는 아무도 모르는 일이었다.

    이제 구름이 걷히고 볕이 들어오고 있었다. 잔금도 치르지 않은 상태였는데 모 건설사에서 연락이 왔다. 우리가 계약한 땅을 계약한 금액의 두 배로 자기들에게 되팔라는 것이었다. 우리는 땅으로 돈 버는 회사가 아니고 일이 먼저인 회사다. 단칼에 거절했다. 결국 그들은 우리와 붙어 있는 바로 옆 땅을 사서 아파트를 지었다.

절실함은 꿈을 이루게 하는 보약

36~37세

　　　　1998년 5월, 현대그룹 정주영 회장이 소 1000마리를 몰고 북에 가던 날! 우린 기공식을 가졌다. '그동안 많은 시간과 다양한 공간을 거쳐, 이제 이곳에 우리의 꿈을 세우려고 한다!' 정주영 회장이 소 1000마리를 몰고 북으로 간 것도 그만의 꿈 때문이기도 했겠지만, 그 꿈은 북한에서 도와줘야 이룰 수 있는 꿈이었다.

　그러나 오늘 이곳에서 우리가 꾸는 꿈은 그보다 몇백 배 더 절실한 꿈이어서, 우리가 꼭 이루고자 하면 이뤄낼 수 있는, 그야말로 보장된 꿈이었다. 건축하는 동안 문제 될 만한 유물 같은 것도 나오지 않았고, 날씨가 많이 도와줘

순조롭게 건축을 완료했다.

 이곳에 세워진 물류센터는 높이 8미터에 바닥면적 2800평인 한 개 동으로 세워졌다. 중간에 기둥이 하나도 없도록 설계된, 창고가 아닌 물류센터였다. 건축 규모로 파주에서 세 번째로 큰 물류센터라고 했다.
 그래서 우리도 기존의 창고 운영 방식과는 완전히 다른 현대식 물류 형태로 운영할 계획이었다. 기존의 창고는 높이가 4미터밖에 안 되어 나무 책장으로 칸막이를 하고 거기에 기대어 책을 쌓는 방식이었다면, 이곳은 두 배여서 최대 높이의 장점을 살려야 하므로, 8미터에 맞는 높이의 랙을 설치하고, 지게차를 이용해 높은 곳의 책을 내릴 수 있게 되어 있다.
 이제 획기적으로 작업 방식이 바뀌게 되는데, 기존에는 주문 온 도서를 찾을 때 사람의 기억으로 위치를 찾아가야 해서 누가 도와주고 싶어도 도와줄 수가 없는 시스템이었다면, 이곳에서의 방식은 먼저 도서 번지를 정하여 프로그램에 도서명 보관 랙 번지를 등록하고 랙에 번지를 부착해서 도서명만 보고도 누구나 책을 쉽게 찾을 수 있도록 한 시스템이었다.

물량이 일시적으로 많을 때는 초보인 아르바이트생들도 쉽게 출고 작업을 할 수가 있게 될 것이었다. 이제 출고 마감 시간을 인력 지원 방식으로 조절할 수 있게 되었다.

임시 준공이 떨어지면서 창고에 랙 설치 작업을 먼저 시작해야 했다. 그다음 랙에 번지를 부착하고, 그다음 기존 창고의 도서들이 도착하면 어디에 자리를 잡을 것인지를 정하여 도서에 지정된 번지를 입력하고, 책이 도착하면 도서에 있는 번지를 보고 찾아가 정리를 하는 식으로 이사 계획을 세웠다.

1차는 도서별로 한 달 치 출고량만 기존 창고에 남기고 신물류센터로 모두 이동한 뒤, 먼저 이동해 온 도서들이 출고할 준비가 되면 남은 도서들을 가지고 모든 인원이 신물류센터로 합류하기로 계획을 세웠다.

이동할 총 도서가 대략 580만 부나 되었다. 2.5톤 차량으로 계산해 보면 1460대의 물량이었다. 그 많은 책을 실어 보내고, 도착하면 차에서 내려 리스트 확인 후 번지로 이동하여 자리를 잡아야 한다.

정말 많은 시간을 필요로 하는 일이었다. 출판계에서 책 이사는 날개가 최고라고 인정받고 있었지만, 이렇게 많은 도서를 이동해 본 경험이 없었기 때문에 정신력과 전투력으로 전 직원이 잘 버텨주길 바랄 뿐이었다.

바람은 바람일 뿐 시간이 지날수록 점점 직원들이 지쳐 갔다. 그래서 작전을 변경해야 했다. 아침잠이 없는 쪽과 저녁잠이 없는 쪽 두 개 팀으로 나누어 근무 시간을 조절해 보기로 한 것이었다. 그 방법이 효과를 보고 있었다.

그렇게 우리 날개 식구들은 또 하나의 역사를 쓰고 있었다.

파주의 신물류센터로의 이동이 모두 끝나면, 파주 창고 물류 일은 남편이 집중해서 관리하기로 했고, 배송 일은 그냥 계약 기간까지 내가 마포에 남아 관리하기로 했다.

서울에 있는 출판사 수거 물량이 70퍼센트 정도였다. 배송은 기동성이 중요했으므로 파주로 함께 갈 수가 없었다. 마포 계약이 끝나면 배송 현장으로 쓸 수 있는 곳을 또 찾아서 이동할 준비를 해야 했다.

모두의 수고가 마무리될 무렵 준공식을 하게 되었다.

우리가 사업을 시작한 이후 가장 큰 행사이며, 우리 인생에서 가장 소중한 기억의 한 페이지가 될 행사였다. 그날만큼은 남편이 주인공이어야 했다. 여기 도착하기까지 남편 혼자서 얼마나 많은 어려움을 겪었을지……. 누구도 감히 가늠할 수 없을 정도로 힘들었을 것이었다.

남편에게 양복 한 벌을 선물하고 싶었다. 늘 나와 아이들, 그리고 직원들만 챙기느라 자기 것은 뒷전으로 생각하는 남편에게 나와 아이들과 직원들의 마음을 담아서 소공동 롯데호텔 지하에 있는 양복점에서 처음으로 맞춤 양복을 선물했다.

파주에서 세 번째로 큰 물류센터의 준공식이다 보니 파주시장님을 비롯해 시의원님들과 손학규 전 국회의원, 그리고 출판계 단체장님들까지 많은 분이 참석하여 축하해 주셨다. 무엇보다도 나는 그동안 함께 고생한 우리 직원들에게 맛있는 음식을 실컷 대접할 수 있어서 좋았다. 남편은 여러 사람 앞에서 이야기하는 것이 부담스럽다고 전날 저녁 내내 걱정했는데, 다행히도 지나온 진실한 시간이 남편과 함께해 줘서 잘 마칠 수 있었다. 그런 남편이 더욱 자랑스럽고 멋져 보였다.

기존 물량을 모두 이동했는데도 신물류센터가 워낙 높고 넓다 보니 삼분의 일밖에 채워지지 않았다. 출판사에서

오신 분들은 이렇게 큰 물류센터는 처음 보다 보니 더 텅 비어 보였을 수도 있을 것 같았다. 그래서 언제 다 채울 수 있을지 걱정하고 있었다. 그때 남편이 자신 있게 많은 손님 앞에서 장담했다.

"6개월 안에 다 채워질 겁니다!"

나도 모르는 계획이 있었던 것인지 나 역시 실감이 나지 않는 말이었지만, 남편을 늘 믿어왔으니 전혀 걱정되지 않았다. 6개월 뒤에 꽉 채워져 있을 물류센터를 상상해 보며 준공식을 마무리했다.

우리나라에 1997년부터 시작된 IMF 바람이 출판계에도 세게 불어왔다. 은행 금리와 원자잿값 폭등으로 출판사에서는 신간 발행을 줄였고, 우리가 수금해야 할 돈의 미수도 불어나고 있었다. 그러면서 한편으로는 비용 절감을 위해 자체 창고 운영을 해오던 출판사들이 우리 같은 대행업체에 맡기려고 줄을 서고 있었다.

남편은 그것을 예측했던 것 같았다. 그렇게 우리나라의 악재가, 그로 인한 출판계의 어려워진 환경이 우리에게 호

재로 작용했다. 준공 후 6개월 안에 2800평 창고는 가득 차게 되었다. 남편은 이번에도 본인이 한 약속을 지켜냈다.

1999년 우리는 회사를 두 개로 분리했다.
'(주)날개물류'라는 법인을 만들어 남편이 창고관리 전문회사로 키워보기로 했고,
나는 '황금날개'라는 상호를 만들어 배송 전문회사로 키워보기로 했다. 이렇게 다시 날개는 새로운 도약을 위해 크게 심호흡을 했다.

처음과 같은 마음

38세

　　우리가 처음 서울 배송을 시작할 시점, 서울을 제외한 지방 서점에는 철도나 화물을 통해 책을 발송하고 있었다. 박스로 포장한 책을 가지고 용산역이나 서부역에 가서 발송하고 물표를 받아 와 발송비는 별도로 청구하고 물표는 인수증을 대신하여 출판사에 전달하는 시스템이었다.

　그러던 중 'A사'에서 책을 전문으로 배송하는 지방 배송사를 처음으로 시작했다. 책만 모아서 운반하자 박스로 포장하지 않아도 되니 일이 많이 편리해졌다. 이후 서울에만 배송하던 'B사'도 지방 배송을 시작했다. 우리는 B사가 생긴 이후에도 특별한 이슈가 없는 한 처음부터 거래해 온 A사와 계속 거래하고 있었다.

B사도 나름대로 열심히 노력했겠지만, 일정 기간이 지나도 점유율이 30퍼센트 정도로 점유율 70퍼센트인 A사에 못 미쳐 고전을 면하지 못하고 있었다.

어느 날 B사 대표님이 찾아와 지분을 70퍼센트 줄 테니 우리의 물량을 달라고 했다. 그 무렵 A사는 물량이 많다고 초심을 잊은 채 '을질'을 하고 있었다. 거래처인 우리 직원들이 출고 작업을 조금만 늦게 해도 기다리지 않고 짜증을 내며 책을 놔둔 채 그냥 가버려서, 우리 직원들이 일을 마치고 A사까지 책을 가져다주고 퇴근해야 하는 일이 다반사였다. A사의 불친절은 이뿐만이 아니어서, 간부들의 스트레스가 도를 넘고 있는 상태였다.

그래서 우리는 B사의 제안을 받아들이기로 했다. 다만 직접 운영하는 회사에서 지분 30퍼센트는 너무 적은 것이니 각각 50 대 50으로 시작해 보자고 했다. 남편은 B사 대표님과 함께 지방에 있는 여섯 개 지사에 순회차 내려갔다 왔다. 직접 둘러 보니 지사의 환경이 너무 열악하여 정상적인 서비스를 제공하기엔 문제가 있어 보인다고 했다. 그래서 우리가 출자금을 입금하면 바로 지사에 컴퓨터와 팩스 한 대씩을 놓기로 하고 동의를 받은 뒤 출자금을 입금했다.

　남편은 B사 직원들에게 날개와 함께 힘을 모아 앞으로 6개월 안에 업계 1위 지방 회사를 만들어보자고 힘주어 말했다. 그 당시 날개의 물량은 계속 늘어나고 있었는데, 여기에 더해 우리에게 서울 배송만 맡겼던 출판사들에 지방은 B사와 거래해 달라고 열심히 설득했다. 그 결과 6개월이 안 되어 점유율이 반대로 바뀌었다. 이제 B사 물량이 70퍼센트로 바뀐 것이다. 경쟁에서 밀린 A사는 어려움을 이겨내지 못하고 지방 배송을 포기해야만 했다.

　파주 신물류센터로 입주 후 날개의 물량이 몇 배로 늘어난 상황이다 보니, B사는 수색에 있는 자기들 현장까지 우리 물량을 실어 나르는 일을 많이 힘들어하고 있었다. 그래서 B사 대표님과 협의하여 지방 배송 현장을 우리 물류센터 안으로 옮겨서 해보기로 했다. 우리는 B사에서 사용할 사무실과 현장을 급히 만들어줘야 했다. 그러나 얼마 지나지 않아 내부적으로 무슨 일이 있었는지 간부들이 원래 자기들의 현장으로 다시 옮겨 가고 싶어 한다고 B사 대표님이 이야기를 해왔다. 그래서 그들은 우리 현장을 떠나 원래의 자리로 돌아갔다.

그때 서점들은 거의 어음으로 출판사에 결제하고 있었다. 현금 결제는 아마도 50퍼센트도 채 되지 않았을 것이다. 그러다 보니 출판사도 배송비를 어음으로 지급하는 곳이 많았다. 자금을 약 3개월 정도 회전시킬 만한 곳은 만기까지 기다리면 됐지만, 그렇지 않은 경우는 대부분 할인해서 운영해야만 했다.

그때 들은 이야기로는 문구점에서 파는 약속어음 용지를 사용하는 일명 '문방구 어음'이 통용되는 업종은 우리나라에서 제약 업계와 우리 출판업계뿐이라고 했다.

우리 역시 예외가 아니라, B사에 어음으로 대금을 지급할 수밖에 없었다. 갑자기 바뀐 것이 아니라 A사와 거래할 때부터 그렇게 결제해 왔다.

그런데 B사가 자기들 현장으로 돌아가고 얼마 지나지 않아 갑자기 B사 대표님이 남편에게 연락을 해왔다. 능곡에 있는 행주호텔 커피숍에서 만나자는 것이었다.

만나서 하는 첫 이야기가, 날개가 계속 어음으로 결제하면 2000년 1월 3일부터 배차를 안 하겠다고 직원들이 말했다는 것이다. 대표 자신의 뜻이 아니라 직원들의 생각을 전달하러 온 사람처럼 말하고 있었다.

그때부터 열흘밖에 남지 않은 시점이었다. A사도 사라진 상태인데 이건 상도덕을 저버린 발언이었다.

남편은 '정말 그날 차량을 배차하지 않는다면 영영 보지 않을 것'이라는 말만 남기고 돌아왔다. 그들의 협박에 비하면 너무도 힘없는 말이었다.

우린 물러설 곳이 없었다.

결국 지방 배송까지 직접 하라는 하늘의 뜻인가 싶기도 했다. 그러나 준비할 시간이 너무 짧았다. 남편은 이 위급한 상황을 몇몇 출판사에 알렸다. 그분들과 함께 지방 서점을 돌면서 여섯 개 지점에서 지점장을 할 만한 사람을 소개받고 면담하며 지방 지점망을 갖추는 일에 집중했다.

나는 본사에 남아 일주일 안에 지방 배송 관련 프로그램을 완성해야 했고, 무엇보다 중요한 자금 준비를 해야 했다.

우리는 새로운 사업을 시작할 때 최대 6개월의 적자를 감수하고 버틸 수 있는 자금이 준비되었을 때 실행에 들어간다. 그 6개월 안에 승부수를 던지고 계속 갈 것인지 접을 것인지를 결정한다. 먼저 지출 예산과 매출 예산을 정리해보고 부족한 자금을 준비하는 데 총력을 기울였다. 자금은 준비될 수 있을 것 같았고, 프로그램 준비도 잘되어 가고 있었다.

그다음은 수도권 배송팀을 꾸려야 했다. 몇 년째 외환 위기가 지속되고 있다 보니 주위에 쉬고 계신 분들이 많았고, 또 여기저기에서 소개가 들어와 쉽게 해결되었다.

다음은 지방으로 내려갈 간선 차량을 알아봐야 했는데 그 또한 친한 출판사 영업부장님의 동생을 통해 '사랑운수'라는 업체를 소개받아 계약 조건까지 협의를 완료해 놨다.

진짜 1월 3일에 배차가 정지된다 해도 혼란은 있겠지만 어떻게든 시작은 할 수 있을 것 같았다.

1월 3일이 돌아왔다.

남편은 아침 일찍 B사 대표님을 다시 행주호텔에서 만났다. 출판계 사람이 모두 지켜보고 있고, 이것은 우리 두 회사의 문제로 끝날 게 아니라 출판사들에 엄청난 피해를 줄 수 있는 일이니 잘 판단하셔야 한다고 B사 대표님을 설득했다. 그러나 내부적으로 무슨 이유가 있는지는 몰라도 B사 대표님은 처음 우리에게 투자를 부탁하러 왔을 때와는 완전히 다른 모습이었다. 남편은 B사 대표님에게 마지막으로 회사에 들어가서 간부들에게 우리 이야기를 전하고, 최종 결과를 11시까지 알려달라고 했다. 만약 이대로 끝난다면 1년 동안 어떤 연락이 와도 대표님을 만나지 않겠다고 경고하고 돌아와 연락을 기다렸다.

  결과는 역시 'NO'였다.

  우리는 곧바로 지점장들, 수도권에서 일하기로 한 분들, 사랑운수 그리고 전 직원들에게 이 내용을 알리고 모두 전투태세로 들어갔다.

  1년 중 가장 물량이 많은 날 중 하루였다.

  새해 연휴를 보내고 첫 출근한 날이다. 서울 물량을 봤을 때, 지방 물량 또한 쉽게 볼 일이 아니었다. 저녁에 일할 아르바이트생을 수소문해 봤지만, 새해 첫날이라 수급이 어려웠다. 임직원 모두가 힘을 합쳐 해결해야 한다는 답뿐이었다.

  물량이 많다 보니 창고의 출고 작업도 밤 12시 넘어서까지 끝나지 않았고, 수거해 온 물량까지 더해지니 책은 끝이 안 보일 정도로 계속 흘러나왔다. 출고 작업이 끝난 직원들은 집에 가지 않고 바로 배송 현장으로 나와 함께 밤을 새웠다.

  동이 터오기 시작할 무렵 마지막 차량을 출발시킬 수 있었다. 마지막 차가 출발할 때, 현장에 있던 날개의 모든 임직원들이 한 줄로 서서 조심히 가시라고 손을 흔들고 박수치며, 기사님께 90도로 허리를 숙여 인사했다.

그리고 우리가 또 해냈다며 환호성을 질렀다. 그때 현장에 나와 그 모습을 지켜봤던 사랑운수 책임자도 '이 회사가 잘되는 이유가 있구나!'라고 생각했다며, 뇌리에 오랫동안 남을 감동적인 모습이었다고 했다.

이렇게 지방 배송사인 '㈜드림날개'가 탄생하게 되었다.

우리 날개의 또 하나의 저력은 '빨리 적응한다는 것!'이다.

힘들고 어려운 과정이었지만 하루도 업무를 중단하지 않고 지방 배송을 해내 출판사와 서점들에 피해를 주지 않고 잘 해결할 수 있어서 다행이었다.

그리고 우리는 다짐했다. 그동안 지방 배본사와 거래하며 겪어야 했던 아쉬운 일들을, 절대 거래처에 겪게 하지 않겠다고, 그리고 지방에서 일하는 팀에 '지사'라는 명칭 대신, '지점'이란 명칭을 쓰기로 했다. 비슷한 말인 것 같지만 차이가 있다.

지점은 본사에 지휘권이 있으며, 본사 직원과 같이 회사의 지침을 따라야 한다는 차이다.

이렇게 운영하는 가장 큰 이유는, 그동안 회사들은 어떤 건의를 했을 때 지사장들이

'못 하겠다!'라고 한다는 게 답이었다. 그러다 보니 본사에서 해결해 줄 수 있는 일은 거의 없었고, 그렇게 되면 질 좋은 서비스가 이뤄질 수가 없다. 그를 해결하기 위해서는 본사에서 지점에 월급처럼 운영비를 보장해 주고 지침을 내려보내야 했다. 어려운 일이 될 수도 있겠지만 일이 우선이기 때문에 그 방법을 택했다.

그동안 지방 배송사들을 거래하면서 얻은 교훈은 '처음과 같은 마음!'이었다.

자신들의 위치가 좋아졌다고, 조금 컸다고, 상황이 좋아졌다고 감사와, 의리, 겸손을 헌신짝처럼 버린다면 하루아침에 고객이 돌아설 수 있다는 무서운 가르침이었다.

100년이 지난 뒤에도 '처음과 같은 마음'을 우리 날개의 정신으로 뿌리내리게 하겠다고 다짐했다.

산 넘어 산

38세 ———————————————

자정을 넘긴 새벽 3시쯤 집에 들어와 잠깐 눈을 붙인 것 같았는데, 진동이 울렸다. 남편의 핸드폰에서 나는 소리였다.

"사장님! 국세청에서 손님이 오셨습니다."

파주 사무실에서 일하는 전산 개발팀의 이 부장이었다. '국세청에 내가 아는 사람 누가 있지?' 하고 있는데, 또 한 번 진동이 울렸다. 이번엔 마포 사무실에 있는 전산실 김 과장이었다.

"지금 회사 밖 공중전화에서 몰래 전화하는 건데요, 국세청에서 찾아와서 사장실이 어디냐고 물어보는데 뭔가 이상해서 일단 못 들어가게 막았습니다."

지금 꿈을 꾸고 있는 것이겠지? 머리를 흔들며 정신을 다시 차려봤지만 꿈은 아닌 것 같았다. 우린 세금도 꼬박꼬박 냈고 세무조사 나올까 봐 오히려 적자일 때도 정상적으로 세금을 냈다. 아무리 기억을 더듬어 봐도 걸릴 만한 일이 없었다. 일단 침착하게 각자의 사업장으로 가야 할 것 같아, 남편은 파주로, 나는 마포로 가서 만나보기로 했다.

신학기 막바지라 창고 일도 많았고 지방으로 배송할 출고량도 많았다. 그래서 늘 동분서주해야 했다. 지방 배송 사업을 시작한 이후로는 마포에서 일이 끝나자마자 파주로 가서 지방으로 가는 첫차부터 마지막 차까지 모두 출발시킨 후에야 집에 올 수 있었다. 파주는 흙바닥이 많아서 신발에는 늘 흙이 묻어 있었다. 하지만 우린 개의치 않았다. 그냥 일하던 차림으로 가서 만나기로 하고 서로 어깨를 토닥이며 응원해줬다.

마포 사무실에 도착해 보니 점잖고 인상도 편안해 보이

는 두 분이 국세청에서 나왔다며 기다리고 계셨다. 서로 인사를 나누고 방문한 이유를 들어보았다. 우리 회사가 특별 세무 조사 대상이니 필요한 모든 자료를 제출해 달라는 것이었다. 그러면서 필요한 서류 목록을 건네고 돌아갔다.

난 그 자료 목록을 가지고 파주로 향했다. 재무팀도 그곳에 있었고 남편의 상황도 궁금했다. 만나서 대책을 논의해야 했다. 파주에 도착해 보니 그쪽도 똑같은 상황이었다. 우린 오직 일에만 집중해 오느라 재무 쪽 세금 관련해서는 무지했다. 세무사 사무실에서 신고해 주는 대로 세금을 내라 하면 냈고, 오히려 세금을 너무 많이 낸다며 법인으로 전환하는 게 더 유리할 것 같으니 빨리 법인으로 전환하라고 세무사님께서 챙겨주기도 했다. 그래서 세무사님께 연락했더니 어떤 내용인지 알아보시고 방문하겠다고 하셨다.

특별 세무 조사가 무엇인지도 몰랐는데 나중에 들어보니, 누가 우리 회사에 관해 투서를 보냈다는 것이었다. 위반 내용은 부가세 누락이라고 했다. 출판사는 비과세 업종이라 처음부터 부가세 발행을 안 하는 것으로 알고 상호 발행을 안 해왔던 터라 납득할 수 없는 내용이었다. 우리는 거짓된 게 없었기 때문에 투명하게 제출할 수 있도록 준비시켜 놓고 남편과 세무사님이 먼저 수원에 있는 중부지방

국세청을 방문하여 우리 조사팀을 만나보기로 했다.

  남편은 돈에는 관심도 없고 오로지 일만 아는 사람이어서, 가서 무슨 말을 할 수 있을지 걱정되었지만 그래도 회사 대표이니 한 번은 다녀와야 할 것 같았다. 늘 누구에게든 겸손하게 고개 숙여 인사하고 항상 웃는 얼굴이다 보니 국세청에 가서도 그랬던 것 같았다. 세무사님이 국세청에 다녀온 뒤 남편에게

  "사장님은 국세청에 가서서는 심각한 표정도 지으시고 눈물도 좀 흘리셔야지 그렇게 웃고 계시면 어떻게 해요."

하며 불만스럽게 말했다. 안 봐도 어떤 상황이었을지 충분히 알 것 같았다. 그래서 다음에는 내가 나서기로 했다.

  며칠 뒤 다시 담당자분들을 만났다. 먼저 부가세 부분에 대해서 억울함을 호소했다. 그분들은 누군가가 고발을 한 사항이라 어쩔 수 없이 더 철저하게 조사를 할 수밖에 없지만, 사실 우리를 처음 만나기 며칠 전에 암행으로 미리 답사했다고 했다. 그리고 남편이 파주에 도착하기 전에 남편 방에 들어가 서랍과 책장들을 뒤져 봤는데, 그동안 조사를 나가봤지만, 그런 사장 책상은 처음 봤다고 했다.

  사장 책상에 돈과 관련된 통장 하나, 영수증 하나도 없

는 것을 보고 이번 조사는 좀 잘못 나온 거 같다는 생각이 들었다고 했다. 그래서 우리 부부를 세금 포탈이나 하는 나쁜 사람으로 보지 않는다고 했다.

그러나 부가세는 돈을 받는 사람이 챙겨서 받는 것이고, 못 받았다 하더라도 받은 것으로 보고 과세할 수밖에 없는 게 부가세법이라며 설명을 해주었다.

난 처음 알게 된 내용이었다. 그러면서 이렇게 세무조사를 받고 나서 더 성장하는 회사를 자주 봐왔다며 위로인지, 세금을 내라고 설득하는 것인지 도무지 알 수 없는 말들을 하고 있었다.

그러고 나서 자기들이 계산한 세금을 보여주는데 놀라 자빠질 만한 금액이었다. 확정된 금액은 아니라고 했다.

세무사님이 보통 금액을 그렇게 어림잡아 정해놓고 조정에 들어간다고 미리 알려주시긴 했지만, 금액이 너무 커서 어느 정도 조정을 해준다 해도 감당할 수 없을 것 같았다.

나는 다음에도 두 번을 더 찾아갔다. 그런 금액의 세금을 낼 만큼 우리가 돈을 벌었을 것 같으냐, 내가 죽을 때까지 일해도 그 돈은 낼 수 있는 형편이 아니다, 내가 죽어서 해결할 수 있다면 당장 여기에서 뛰어내릴 수도 있다고 했다. 진짜 그런 심정이었다. 그분들도 진짜 내가 극단적인 선택이라도 할 것 같다는 생각이 들었는지 신경 쓰이는 것 같았다.

그러면서 최종 금액을 정하였다며 마지막 통보를 해왔다. 처음 보았던 금액보다는 많이 줄어들긴 했지만 만만치 않은 금액이었다. 현 매출 대비 수익 예상 금액으로 봤을 때 10년간은 벌어야 낼 수 있는 큰 금액이었다. 계속 사업을 하기 위해서는 받아들일 수밖에 없었다. 대신 분할납부를 하게 해달라고 건의했더니 그게 받아들여졌다.

그 시절엔 이런 경우 세금을 내지 않으려고 본인 명의로 된 것들을 다 포기하고 평생을 세금 미납자로 신용불량자처럼 살아가는 길을 선택하는 사람도 많았고, 실제로 주위에도 그런 사람들이 있었다. 남편은 내야 할 세금액을 보고는 우리도 그렇게 하자고 했다. 그러나 나는 단호히 안 된다고 했다. 이제 우리 나이 아직 사십도 안 되었는데 벌써 돈 때문에 자신을 포기하고 살아가겠냐고, 아이들에게 나중에 뭐라고 설명하겠냐고…….

다음부터 우리는 직접 재무 일을 파악하고 챙기기 시작

했다. 제일 먼저 모든 거래처에 공문을 보내고 결재 시스템도 만들었다. 부가세법에 대한 자세한 설명, 그동안 출판사에서 지급하지 않은 부가세를 우리가 모두 세금으로 떠안게 되었으니, 이제부터는 정상적으로 부가세 발행에 협조해 달라는 내용이었다. 단 한 곳도 이탈 없이 협조해 주었다.

그렇게 비싼 수업료를 내고서야 우린 재무 관련 박사가 되어가고 있었다. 국세청에 계신 분들이 세무조사를 받고 나면 왜 회사가 좋아진다고 했는지 알 것 같았다. 부가세법을 계속 모르고 앞으로 더 그 전처럼 일만 해왔다면, 언젠가 조사를 받게 될 경우 우리가 내야 할 세금을 계산해 보니 어마어마한 금액이 나왔다. 이 정도에서 매를 맞고 다시 시작할 수 있는 것에 감사해야 할 일이었다.

모든 일을 마무리하면서 떡 한 말을 준비해 중부지방국세청을 찾아가 그동안 고생하신 분들에게 전달하고, 꼭 해주신 말씀대로 성공적으로 사업을 해나가겠다고 감사 인사를 하고 돌아왔다.

산 넘어 산이라고, 파주의 신물류센터로 도서를 이동해 오던 시점 전후에는 출판계가 전체적으로 어려운 시기였다. 그러다 보니 받아야 할 금액들이 미수로 깔리기 시작하면서 급여가 제날짜에 못 나가는 일이 생겼다. 한 번도 그런 일이 없었고, 내 성격상 급여가 최우선이었는데 말도 안 되는 일이 일어난 것이다. 나는 마포에서 배송일에 더 신경을 쓰고 있었고, 당시 우리는 영업자도 없이 그저 일만 했다. 재무팀에 있는 직원들이 알아서 수금하고 지출하다 보니 미수가 그 정도로 심각한 상황이 되기까지 거의 방치하며 운영을 해왔던 것이었다. 세무조사를 받고 나서 알게 된 사실은, 미수금은 못 받았지만 부가세만큼은 우리가 꼬박꼬박 낸 것이었다. 이제부터 그냥 내버려둘 상황이 아니었다. 창고는 포화 상태라 직원들이 고생하는데 돈을 못 받아서 임금이 밀리는 것은 모두 우리 둘의 책임이었다. 출판사가 직접 창고를 운영했을 때를 돌아보면, 우리의 미수금은 물건값 같은 미수금이 아니라, 직원 급여라는 인식을 가져야 하는 것이었다. 그래서 대대적인 거래처 구조조정에 들어갔다. 일정 기일까지 입금이 안 되는 출판사는 거래를 종료했다. 정상적인 단가로 올리면서 3개월 정도가 지나니 정상적으로 운영할 수 있게 되었다. 급여가 밀렸던 시기에 일부 직원들의 이탈이 있었고, 몇몇 직원들이 주축이 되어 노사분규라도 일으킬 태세라는 정보가 입수되었다. 그런 분위기를 감지한 나는 파주로 넘어가서 간부들을 회의실로 불러 모았다.

"지금 여러분이 이럴 때가 아닙니다. 아무리 남이라도 옆집에 불이 나면 함께 끄는 게 인지상정인데, 하물며 지금까지 우리가 함께 키워온 회사가 물량이 없어서 미래가 불안한 것도 아닌데, 잠시 미수금으로 인해 어려움을 겪고 있으면 함께 해결하고 불을 꺼야 할 사람들이, 직원들을 동요시켜서 업무를 마비시키려고 하는 것은 불이 난 곳에 석유를 붓는 것과 뭐가 다르겠습니까? 곧 거래처 미수금도 해결될 것 같으니, 만약 다음 달에도 급여가 못 나간다면, 아니 앞으로 급여가 한 번이라도 밀리게 된다면 나도 사업을 접을 테니 그때는 저와 함께 회사를 떠납시다! 저를 한번 믿어보세요!"

"진작에 회사의 사정을 누구라도 오늘처럼 말을 해줬다면 이해했을 텐데, 말 한마디 없이 급여가 안 들어오니 저희도 서운했습니다. 이제 회사 사정을 알았으니 앞으로 이런 일은 없을 것입니다, 죄송합니다."

"아닙니다, 내가 미안합니다. 여러분도 이사한다고 힘들었겠지만, 이것저것 챙길 게 너무 많아 나도 힘든 시기였습니다. 그래서 내가 못 챙긴 탓이니 이해해 주세요. 제가 힘들 때는 여러분을 보며 다시 힘을 내고 있다는 것 아시나요? 하하하."

그렇게 해서 우리는 이번 기회에 서로가 뭘 원하는지를 알게 되었고 회사가 30년이 넘도록 직원들이 단체행동을 하는 일도 없었을뿐더러 급여가 안 나가는 일도 없었다.

마포에 남아 있던 서울 배송팀은 마포 창고의 만기가 도래하여 이제 능곡 행주산성 아래에 있는 동네로 이사를 해야 했다.

파주에서 날개물류 물량이 합류되어야 하고 차후 파주 출판단지가 자리잡게 되면 파주로 출판사나 서점들이 이동해 오게 될테니 서울 진입이 편리한 점들을 고려한 결정이었다.

보이지 않는 손

39~42세

우리 아이들은 각자 알아서 잘들 지내고 있었다. 아니, 우리처럼 바쁘게 생활하는 것 같았다. 어느 날 밤늦게 집에 도착하여 아이들 방에 들어가 보니 학교 갈 준비를 해놓고 잠들어 있었다. 이불을 잘 덮어주고 나오려는데, 딸아이 침대 옆에 소포 한 박스가 있어서 주소를 보니 지방이었다. '뭐지?' 약간 궁금하면서도 걱정되는 마음으로 밤을 보내고, 아침에 일어나서 딸아이에게 물어보았다.

어릴 적 가지고 놀던 인형들을 '옥션'에 올려봤는데 울산에 사는 아기 엄마에게서 연락이 와서, 소포 발송 값 정도만 받고 팔기로 했단다. 그러면서 적은 금액이지만 돈을 받아야 꼬마애가 더 소중히 생각할 것 같아서 받기로 한 거라며, 대신 자기 동요 녹음테이프를 서비스로 넣어 보내려고 한다고 말하는 것이었다.

그때는 인터넷 정보의 활용이 일반화되어 있던 시기가 아니었으므로 나도 많이 접하지 못한 일이었다. 아직 3학년 아이라고만 생각하고 있었는데 저런 생각을 할 정도로 자랐구나! 모르는 사람들과 연락하면 안 된다고 말하려다, 멈추고 참 잘했다고 칭찬을 해줬다.

동생이 태어나기 전 다섯 살 때쯤이었을까? 어느 날 조금 늦게 귀가하여 딸아이 방문을 노크하려 하는데 방 안에서 누군가와 이야기하는 소리가 들렸다.

'이렇게 늦은 밤에 누가 온 거지?'

방문을 열어보니 우리가 돌아온 것도 모르고 혼자서 인형 놀이를 하고 있었다. 얼마나 외로웠으면 인형과 이야기하고 있을까! 마음이 아팠던 기억이 났다.

그런 인형 친구를 떠나보낼 줄도 알고, 무조건 헤어지는 것을 두려워하는 나보다 훨씬 성숙하다는 생각이 들었다. 나를 안 닮은 게 다행이었고 한편으론 기특했다. 그러나 아무리 성숙한 생각을 했더라도 오랜 시간 함께했던 인형 친구를 보내려니 많이 서운할 거 같아서 위로해 주기 위해 그날 저녁엔 딸아이가 좋아하는 아이스크림을 사서 일찍 집에 오겠다고 약속했다.

우리 딸아이는 노래를 잘해서 초등학교 3학년 때부터 창작동요제, 국악동요제, 어린이 뮤지컬에 참가하여 각종 상을 휩쓸고 다녔다. 자기주장 발표, 과학경시대회 등 교내외 활동에서도 두각을 나타내어 우리를 여러 면에서 기쁘게 해줬다. 혼자서도 잘 해내는 딸아이를 보면서 우리도 열심히 일하고 있지만 어린 딸에게 뒤처지는 듯한 위기감마저 들 때도 있었다. 이듬해에 중학교에 가야 하는데 '예원학교'에 도전해 보기로 했다. 시험을 봐서 합격해야만 갈 수 있는 학교였다. 딸이 다니는 학교에서는 단 한 명도 예원학교 입학에 도전해서 성공한 적이 없다고, 보통 사립학교 아이들이 들어갈 확률이 높은 학교라고 했다.

나는 예술 쪽으로 아는 사람도 없고, 정보도 없었다. 그러나 아이가 실력도 있고 본인도 도전해 보고 싶어 하니 아이에게 할 수 있다고, 한번 해보자고 용기를 줬다.

이제부터는 엄마인 내가 해결해야 하는 일이어서, 무작

정 정동에 있는 예원학교를 찾아가 보기로 했다. 아이가 가고 싶어 하는 학교를 먼저 답사해 보는 게 맞을 것 같았다.

학교 정문에 들어서니, 운동장이 크고 교실이 많았던 초등학교와 비교했을 때 정말 아담한 유치원만 하게 보였다. 그러나 예술적인 향기가 느껴졌다. 먼저 학교 교장실을 찾았다. 학교 운영위원장을 오래 하다 보니 교장선생님을 만나야 답을 얻기 쉽다는 것을 터득했기 때문이다.

우리 아이가 노래를 참 잘하는데 예원학교에 가고 싶어 하니 어떻게 준비해야 하는지 여쭤봤다. 그랬더니 일단 예원학교에는 학교 음악 선생님 말고 외부 강사 선생님들이 계시다며 그중 한 분을 소개해 주셨다. 그리고 학교의 이곳저곳을 안내해 주시며 시험 장소이기도 하다는 강당에도 데려가 주셨다.

매년 5월에 예술의 전당에서 예원 음악회가 열리는데 그 행사를 위해 오케스트라가 연습 중이라고 했다. 너무 아름다운 선율에 가슴이 녹아내리는 것 같았다. 나도 예전에 성악을 전공하고 싶어 음악에 빠져 지냈던 적이 있었기 때문에 오케스트라 연주를 들어본 적이 몇 번 있었다. 그러나 지금 내가 듣고 있는 이 연주는 중학생의 연주라고 하기에는 믿기지가 않았다. 내가 우리 딸 나이라면 나도 이 학교에서 한번 공부해 보고 싶다는 허황한 꿈까지 꾸고 있었다.

돌아서 나오려는데 이번엔 마치 하늘에서 천사가 나를 반겨주러 내려온 듯한 목소리가 들려왔다. 뒤돌아서 보니 예쁘게 생긴 남학생이었다. 그 고운 목소리로 노래하는 것을 듣고 있자니 긴장감이 엄습해 왔다. 그동안 내 딸이 동요계에서 최고라는 자부심으로 자신만만했던 내 자신감이 살짝 꺾이면서 어설프게 준비하면 합격이 어렵겠다는 생각이 들었기 때문이다. 정말 와보길 잘했다는 생각이 들었다. 교문을 나오면서 학교를 바라보며 말했다.

"나중에 꼭 만나자! 우리 딸과 손잡고 올 테니."

집에 돌아오는 길에 많은 생각이 들었다. 우리가 이렇게 열심히 일하는 게 무엇을 위해서일까? 정신이 번쩍 나는 것 같았다. 그러면서 나 자신과 약속했다. 지금부터는 회사와 아이들에게 50 대 50의 비율로 시간을 쓰겠다고 결정했다.

예원학교 답사를 마치고 돌아온 후 피아노 실기시험을 위해 피아노 연습을 하고, 성악 레슨 시간에도 내가 함께 다니며 들어주었다. 둘이 의견을 나누며 꼼꼼히 준비했다. 그런 노력 끝에 우리 딸아이는 열한 명을 뽑는 예원학교

성악과에 차석으로 합격했고, 입학 후에도 3년 내내 반장으로, 3학년 때는 전교 부회장으로도 활동했다.

꼭 사립학교를 안 나와도 이렇게 잘할 수 있다는 것을 일반 학교 학생들이 알았으면 하는 마음이었다.

우리 귀염둥이 아들은 누나가 6학년일 때 초등학교 1학년으로 입학했다.

입학식 날 입학생 대표로 답사를 하게 되었는데 내가 원고를 쓰고 연습을 시켰다. 원고에 밑줄을 그어가며, 쉬는 곳을 사선으로 표시하며 열심히 연습했다. 아기로만 생각했던 아들이 얼마나 똑똑하게 잘하는지 말로 다 표현할 수가 없었다.

입학식 날 누나가 입학식 사회를 봤는데, 둘이 단상에 함께 올라가 동생은 답사를 하고, 누나는 흐뭇한 표정으로 마이크를 대주고 있는 모습은 우리 부부의 눈엔 정말 최고의 걸작처럼 보였다. 사업을 통한 성취감도 컸지만, 이렇게 자식들을 통해 얻는 기쁨은 그 어떤 행복보다 큰 것이었다.

내가 초등학교 1학년에 입학한 지 얼마 안 되었을 때, 1년에 한 번씩 하는 학예회가 열렸다. 내가 1학년 대표로 첫인사를 하고 6학년 오빠가 끝인사를 하도록 프로그램이 짜여 있었다. 선생님께서 며칠간 연습을 시켜주셨고 우리는 원고를 열심히 외웠다.

"어머니, 아버지, 그리고 언니, 오빠들, 안녕하세요? 우리가 잘할 때는 박수를 크게 쳐주시고, 실수를 할 때는 스르르 눈을 감아주세요."

지금도 대사가 기억이 난다. 행사가 끝나고 엄마 아버지가 '우리 아기 잘했다'라며 좋아서 어쩔 줄 몰라 하셨던 모습이 눈에 선하게 떠올랐다. 그게 최고의 효도가 아니었을까!

아이들이 그렇게 잘 자라고 있는 사이, 회사가 성장하고 있는 사이, 우리의 어머님들은 83세나 되어 계셨다. 우린 우연하게도 둘 다 어머님들이 41세에 낳은 늦둥이였다. 그래서 나는 두 어머님이 더 나이 드시기 전에, 지금 살고 계신 집터가 있으니 그곳에 새로 집을 지어드리자고 제안했다.
옛날 집은 외풍이 있어서 춥기도 하고 따뜻한 물도 맘껏 쓰지 못하고, 화장실도 불편하셨을 것이 계속 마음에 걸렸었다. 당연히 남편은 좋다고 했고 어머님들께 말씀드리니 무척 좋아하셨다.

  친정집은 오빠들이 집 짓는 일을 알아서 해주기로 했고, 시어머님은 새로 짓는 것보다 마을에서 제일 잘살던 윗집이 지금은 어려운 상황이 되어 집을 팔려고 내놨다고 하니 그 집을 샀으면 하셨다. 그래서 주택과 마당, 밭까지 딸린 1200평 정도의 집을 사드렸다. 친정집에서 집을 짓고 있는 동안, 시어머님은 새로 산 집으로 먼저 입주를 시켜드렸다.

  시집오신 후로 처음 하는 이사였다. 내부를 간단히 수리하고 장롱부터 전자제품까지 시집보내는 딸에게 혼수를 챙기는 마음으로 정성껏 마음을 다해 해드렸다. 아들 여섯 형제를 키우느라 얼마나 힘드셨을지, 그리고 장애를 가진 아들을 먼저 하늘나라로 보내셨으니 맘고생은 얼마나 크셨을지 뭐라 말로 위로를 해드린 적은 없었지만 이렇게라도 마음을 표현하고 싶었다.

  하고 싶은 것과 사고 싶은 게 얼마나 많으셨을지도 같은 여자로서 이해가 갔다.

  난 어머님 옷을 살 때 꼭 백화점에 가서 사드렸다. 그런 나를 두고 형님들은 나를 생각해서, '연세도 많으신데 그렇게 비싼 것을 사드리냐'라고 말씀들 하시지만, 난 그럴수록 더 비싸고 좋은 걸 사드려야 한다고 생각했다. 시간이 많지 않으니 더 그래야 했다.

남편도 자신의 어머니가 가장 훌륭한 어머니라고 중학교 때 글을 써서 전교생 앞에서 어머님이 '장한 어머니상'을 받은 적도 있으시다고, 자기 어머님은 정말 장한 어머니라고 자랑스럽게 말한다. 어머님은 성공하신 분이다. 자신을 자랑스럽게 생각하는 자식들이 있으니…….

우리 엄마는 집이 완성될 즈음 갑자기 편찮으셔서 병원에 갔더니 담낭암 말기라 했다. 집은 완성되었지만, 엄마는 새로 지은 집에서 편안하게 즐겨보지도 못하고 통증과 싸우며 힘들게 한 달 정도를 살다 돌아가셨다.

늘 '시댁이 우선이다' '시부모님한테 잘해야 복받는다' 노래를 부르시면서도, 항상 당신은 뭐든 괜찮다고 하셨다. 그런 엄마를 더 챙겨야 했는데, 엄마에게는 백화점에서 옷 한 벌도 못 사드렸다.

나는 멀쩡하던 엄마가 집을 짓고 돌아가셨으니 다 내 탓인 것 같아서 후회가 되어 많이 울었다. 옛 어른들이 집은 함부로 짓는 게 아니라고, 사람이 아프거나 죽어 나갈 수도 있다고 했던 말들이 너무 늦게 떠올랐다. 만약 내가 집을 지어드리지 않았다면 엄마가 살아 계실 수도 있었을 것이라는 생각이 들 때마다 내 가슴은 무너져 내린다.

　파주 물류센터는 본 건물이 포화 상태라 악성 미수 출판사들을 정리했는데도 계속 거래하려는 출판사들이 줄을 서고 있었다. 그래서 회사 주변에 있는 임대 창고들도 나오기만 하면 우리가 임대하여 쓰고 있었지만, 그래도 부족하여 단지 내 나머지 땅에 2100평을 추가로 증축했다.
　새로 지은 그 건물에 지방 배송사인 ㈜드림날개도 명판을 걸고 제대로 된 사무실로 입주할 수 있었다.
　우리는 1년 단위로만 봐도 참 숨 가쁘게 지내고 있었다.
　파주에서 그렇게 추가 건축을 하고 있을 때, 나는 행주산성 근처에서 임대해 쓰고 있던 서울 배송 현장을 가까운 거리에 있는 땅 500평을 사서 2층짜리로 만들었다.
　행주산성 부근은 모두 그린벨트로 묶여 있어 그래도 땅값이 싼 편이었다. 1층에는 일렬로 차를 댈 수 있도록 차량별 게이트를 만들고 가운데에 컨베이어 시스템까지 갖춘 배송 현장이 완성되었고, 2층에는 우리 직원들만 쓸 수 있는 사무실과 휴게실 식당까지 만들었다. 그렇게 황금날개도 사옥을 갖게 된 것이다.

이제 내가 맡은 배송사 드림날개와 황금날개 모두 이사 걱정 없이 사업을 할 수 있게 되어 마음이 편했다.

행주산성에 있는 황금날개 현장은 약 3년 후에 그린벨트에서 유일하게 해제되었다. 그래서 사무실과 작은 보관창고를 추가로 지을 수 있었다.

사람들은 어떻게 우리 땅만 그린벨트가 풀린 거냐고 궁금해했지만, 사실 나도 궁금하기는 마찬가지였다.

이렇게 우리에게는 보이지 않는 손이 있는 것처럼 저절로 해결되는 무언가가 있었다.

할머니의 마지막 선물

43세

　　　　생애 첫 도전이었던 예원학교에 합격하여 3년 과정을 알차게 보낸 딸아이는 서울예고에 입학하게 되었다.

중학교 3년은 예술학교 특성상 늘 긴장해야 했다. 빈틈없이 준비하고 최선을 다하지 않으면 경쟁자 열한 명 가운데 순위가 뒤로 밀려날 수 있기 때문이다. 실력이 엇비슷해서 잠시만 방심하면 점수가 엎치락뒤치락한다. 2개월에 한 번 정도 실기시험을 보는데 그날은 대학 입시를 방불케 할 정도다.

'제발 연습한 대로만 하게 해주세요! 실수하지 않게 해주세요!'

아이가 시험을 마치고 나올 때까지 엄마들은 밖에서 기도하며 기다린다.

나 역시 아무리 바빠도 실기시험이 있는 날엔 아이를 차에 태우고 컨디션을 유지시키면서 함께 학교에 간다. 시험장에 들여보낸 뒤엔 나올 때까지 부정 탈까 봐 아무리 급해도 절대 화장실을 가지 않았다. 나만의 비법이라고나 할까? 그때만큼은 너무 간절해서 미신도 중요했고, 하나님께 기도하는 일도 중요했다.

어릴 적 엄마가 아침저녁으로 장독대에 물을 떠 놓고 손바닥을 비비며 주문을 외우듯 기도하는 걸 보았다. 추운 겨울날엔 기도를 하는 엄마의 입에서 하얀 연기가 뿜어져 나왔다. 아마 타지에 있는 오빠들을 매일 볼 수 없으니 대신 지켜달라고 기도하셨던 것 같다.

자식을 위하는 엄마의 마음을 그때는 몰랐는데 이제 나도 내 딸을 위해 아무나 붙잡고 기도하다 보니 깨닫게 되었다. 그런데 나는 엄마를 위한 기도를 한 번도 해드린 적이 없었다. 엄마는 당연히 평생 나를 지켜주실 분이라고 믿고 있었기 때문일 것이다. 사랑이 덜해서가 아니라 그냥 믿었다.

딸아이가 고등학교에 입학한 후 1학년 가을쯤 되어 전국 고등학생이 참여하는 '한국성악콩쿠르'가 열렸다. 우린 늘 도전하는 게 생활화되어 있었기 때문에, 1학년이지만 겁 없이 2, 3학년들 틈에 끼어서 출전했다. 1차 예선 통과가 목표였는데 예선을 무사히 통과했고 3일 후가 본선이었다.

엄마가 담낭암 선고를 받은 뒤, 그 결과가 오진이길 바라며 서울에 있는 대형 병원으로 모시고 올라와 다시 검사를 받았다. 통증이 심하셨을 텐데 굽은 허리로 어떻게 집 짓는 사람들의 참까지 챙기셨을까. 그렇게 동동거리고 다니셨을 엄마를 생각하니 가슴이 너무 아팠다. 마지막으로 병원에 실려 가셨던 날도 통증이 많이 심했다고 하니 이미 병이 깊어진 상태였을 것이다. 시어머님께 해드린 것의 10퍼센트만이라도 관심을 갖고 챙겨드렸어야 했는데, 후회뿐이었다. 늘 엄마가 시어머님께 잘하라고 했던 말씀을 지금 생각해 보니 엄마도 시어머니 입장에서 서운하고 힘든 일들이 있으셨을 테니, 우리 시어머님을 헤아리셔서 나한테 잘하라고 말씀을 하셨던 거였다. 내가 좀 더 깊이 생각하고 엄마에게 잘하는 딸이어야 했는데, 엄마 말은 듣지 않고 뭐든 반대로 하는 청개구리의 자식과 다를 게 없는 불효자식이었다. 바쁘다는 이유로 전화도 자주 드리지 못하고, 엄마가 전화했을 때도 늘 바쁘다는 핑계로 퉁명스럽게 대하고, 엄마를 만나면 올케들에게 잘하라고, 그래야 오빠들이 편한 거라고 교과서 같은 잔소리만 해댔다. 그러니 엄마가 속마음을 편히 터놓을 사람이 한 명도 없으셨을 것이다. 얼마나 외로웠을까. 수만 가지 후회만 차올랐다.

서울에 있는 큰 병원에 오면 살 수 있을 줄 알았는데 서울에 있는 병원에서도 3개월밖에 못 사실 것 같다고 했다. 난 누구와도 헤어지는 것을 어려워해서 어릴 때 이런 기도를 했던 적이 있었다.

'현재 상태로 더 이상 죽지도, 태어나지도 않게 해주세요. 지금 내 주위에 있는 사람들을 평생 함께 있게 해주세요.'

어린아이의 기도가 너무 이기적이어서 안 들어주신 것 같다.

엄마가 안 계신 세상을 상상하니 가슴이 미어지고 눈물이 멈추질 않았다. 고생만 하시고 항상 자신보다 남을 먼저 챙기셨던, 속병이 생길 정도로 모든 것을 참아내셨던 엄마는, 자신을 위해 단 1초도 써보지 못하고 영영 내 곁을 떠나시려는 참이었다.

　엄마는 어릴 때 엄마를 잃은 손주 세 명을 키워내서야 했다. 얼마나 마음과 몸이 고되셨을까? 그럼에도 내색 한 번 안 하시고, 우리 아들까지 4년을 키워주신 희생의 대명사인 분이셨다. 엄마는 마지막에는 통증이 너무 심해서 약을 드시면서도 *끙끙* 앓으셨다.

　병원에서는 더 이상 해드릴 게 없다며 퇴원하라 했다. 퇴원하는 날 엄마가 키워주셨던 손주들과 함께 포천에 있는 콘도에 가서 하룻밤을 보내려고 모시고 갔다. 내가 병원에서 퇴원할 때 털모자를 하나 사서 씌워 드렸더니 맘에 드셨는지 수시로 모자를 만져보셨다. 저렇게 좋아하시는 것을, 제대로 된 옷 한 벌 사드리지 못한 것도 후회가 되고 죄송했다. 휠체어로 엄마를 모시고 우리 모두 낙엽이 쌓인 길을 함께 걸었다. 석 달 뒤엔 할머니와 영영 헤어져야 한다는 사실을 모르는 아이들은 신이 나서 떨어진 낙엽으로 눈싸움을 하듯 놀고 있었다.

　'통증만 없었다면 지금 저 광경을 보시고 참 좋아하셨을 텐데…….'

　그래도 엄마의 얼굴엔 엷은 미소가 보였다. 그곳에서 하룻밤을 보내고 우리 집으로 모시고 왔다.

  딸아이가 성악을 시작한 뒤, 우린 아파트 대신 주택으로 이사 와야 했다. 층간 소음 문제 때문이었다. 주택이다 보니 거실 바닥이 온돌처럼 뜨거웠다. 엄마는 땀까지 흘리며 오랜만에 편히 주무셨다고 했다. 아마도 엄마가 제일 사랑하는 막내딸과 함께 누워 있다는 것이 그 어떤 진통제보다 효과가 컸던 것 같다. 엄마는 우리 집에 오실 때마다 그냥 김치에 식용유만 넣고 끓인 김치찌개를 고기 넣고 끓인 것보다 맛있다고 좋아하셨다. 그래서 난 그 김치찌개와 주로 엄마가 해주셨던 음식들을 골라 옛날 추억을 떠올리며 함께 드시게 해드렸다. 그렇게 1주일을 모시고 있다가 새로 완성된 집을 궁금해하셔서 고향 집으로 내려가셨다. 다행히 공사가 마무리되어 보일러도 잘 돌아가고 외풍도 없었다.

  엄마가 내려가신 뒤 둘째 오빠에게 날 잡아서 우리 형제들끼리만 한번 내려가 엄마랑 밥하고 된장찌개 끓여서 점심 한 끼 먹고 오자고 제안했고 오빠도 좋은 생각이라고 했다. 오빠와 나는 기차를 타고 논산으로 내려가면서 이런저런 이야기를 나눴다. 엄마가 저렇게 통증이 심하니 막내 오빠가 있어도 마음이 편치 않아, 서울 오빠 집에서 가까운 곳 요양병원을 알아봐서 모시고 올라오려고 한다고 오빠가 말했다. 우린 엄마와 함께 점심을 먹고 민화투도 쳤다. 그날 우리가 안 내려갔더라면 엄마와의 시간은 우리 집에서 보낸 밤이 마지막이었을 것이다. 오빠랑 내가 다녀오고 2주 후 엄마를 서울로 모시고 올라오기로 날짜를 정했는데, 엄마는 고향에서 떠나고 싶지 않으셨는지 모시러 가기 하루 전날 돌아가셨다.

새벽에 갑자기 전화로 곧 운명하실 것 같다는 다급한 연락을 받았다. 경황이 없어 나만 조카들과 함께 먼저 논산에 있는 병원으로 출발했다. 왜 그렇게 안개가 많이 끼었는지 마음은 급한데 차 속도는 낼 수가 없었다. 내가 도착할 때까지 엄마는 나를 꼭 기다려줄 거라고 믿으면서 기도를 했다. 엄마는 처치를 받느라 그랬는지 응급실 침대에 상체가 맨몸인 채 이불을 덮고 누워 계셨다. 추우실 것 같아 엄마에게 이불을 더 올려서 덮어드렸다. 엄마는 이미 의식이 없으신 것 같았지만 내가 엄마 손을 잡고 귀에 대고
　'엄마 나 왔어, 막내 왔어!'
라고 말하니까 눈동자를 나에게 맞춰주었다.

"엄마! 엄마는 최고의 엄마였어. 울 엄마여서 고맙고 행복했어. 그동안 고생 많이 하셨으니 편히 쉬어."

둘째 오빠가 도착했다.

'어머니 저 둘째 왔어요!' 하고 말하자마자 눈을 감으셨다.
엄마는 둘째 오빠와 나를 유독 신뢰하고 자랑스럽게 생각하셨다. 그래서 우리를 끝까지 보고 가시려고 기다리셨던 것 같다. 그렇게 우리 엄마는 영영 내 곁을 떠나가셨다.

그날 바로 우리 가족도 모두 내려왔다. 그런데 장례식날이 딸아이 콩쿠르 결선이 있는 날이었다. 딸아이는 할머니를 많이 좋아하다 보니, 할머니를 이제 볼 수 없다는 것이 너무 슬프다며 엉엉 울었다. 어릴 적 몇 년 동안 돌봐주셨기에 누구보다도 특별한 정이 있었을 것이다. 그래서 콩쿠르를 포기하고 할머니 마지막 가시는 길을 함께하겠다고 고집을 부렸지만 내가 말렸다. 할머니가 그러길 원하지 않으실 테니 올라가서 콩쿠르에 참여하라고 설득하여 이튿날 퉁퉁 부은 눈으로 혼자 기차를 타고 올라갔다.

우린 장례식을 마치고 초저녁쯤 서울에 도착했다. 딸이 밖에 나와 있다고 해서 함께 태우고 들어가려고 합정동에서 만났다. 우린 할머니 장례식 등으로 대회 준비가 안 된 상태였기 때문에 결과를 묻지도 않았다. 그런데 아이가 트로피와 상금 300만 원이 든 봉투를 나에게 안기며 1등을 했다는 것이다. 우린 믿기지 않는 소리에 깜짝 놀라 고생했다는 말도 나오지 않았다.

그 유명한 '한국성악콩쿠르'에서 1학년이 1등을 하다니! 이건 기적이었다. 1학년이 1등을 한 건 처음 있는 일이었다. 그렇게 잘하는 선배들이 많았는데 어떻게 그 사람들을 제칠 수 있었을까? 기적 같은 일이었다. 아마 할머니께서 떠나시면서 앞으로 훌륭한 성악가가 되라고 선물로 손녀딸에게 길을 열어주시고 가신 거라고 우리는 그렇게 믿고 있었다.

"엄마, 감사합니다!"

그 후 딸아이는 서울 필하모니 전국 성악콩쿠르에서도 1등을 하고, 바로 미국 줄리어드 프리칼리지에서 세계 고등학생 중 아홉 명을 선발하는 시험에 합격하여 고등학교 1학년 말쯤 미국으로 유학을 떠나게 되었다.

그 뒤에도 줄리어드에서 프리칼리지 2년, 대학 4년, 대학원 2년 과정을 마쳤다. 줄리어드에서 8년간 공부한 사람은 한국에서 최초였고 미국인들에게도 흔한 일이 아니었다. 그다음 대학원을 졸업하고 바로 미국 4대 극장 중 하나인 휴스턴 그랜드 오페라 영 아티스트에 동양인 최초로 합격했고, 그 이후 지금까지도 우리 딸아이는 수많은 기록을 남겨왔다.

할머니가 하늘나라에서도 장독대에 물을 떠 놓으시고 손주들을 위해, 그리고 나를 위해 기도하고 계신 게 분명했다.

하늘이 무너질 뻔

43~46세

평생 이사 걱정 없이 살 거라고 좋아했는데 파주·운정 신도시 개발 발표가 나왔다.

우리 물류센터도 개발 구역 내에 포함되어 있었다. 보상은 발표 다음 해에 이뤄졌고 우린 또 땅을 사러 다녀야 했다. 이번엔 더 큰 규모의 땅을 준비해야 했다. 나와 있는 물건들이 많다고 모두 우리 형편에 맞는 것은 아니라서 고민이 많았다. 그나마 군 허가 문제가 많이 완화되어 다행이었다.

우리같이 수용된 업체에는 특별한 혜택이 있었는데, 어느 곳에 땅을 사게 되더라도 건축허가가 가능하다는 점이다. 당시 파주에는 창고 총량제가 시행되고 있어 아무나 창고를 지을 수 없었다. 1년 뒤에 보상금이 나오기 시작하면서 정부에서 지원받은 대출금은 모두 상환한 상태였기 때문에 협동화 사업은 해체가 되어도 문제 될 일이 없었다. 투자했던 출판사들은 보상받은 금액으로 투자한 금액보다 훨씬 많은 돈을 모두 회수해 갔고, 우리 날개만 남아 사업체를 이어가기로 하고 1차 협동화 사업을 정리했다. 중간에 이런저런 잡음들도 있었지만 그래도 그분들이 있었기에 우리도 물류센터를 가질 수 있었고, 더욱이 그분들에게 투자금보다 많은 이익을 돌려줄 수 있어서 다행이었다. 모두 감사한 마음으로 마무리했다.

우리가 땅을 찾고 있다는 소문이 났는지 여기저기서 땅을 소개하겠다고 찾아오는 사람들이 많았다.

우리는 그쯤에서 제2의 협동화 사업을 다시 신청해 보기로 했다. 더 넓은 곳으로 가려면 자금이 필요했고, 1차 경험이 있었기 때문에 조금은 쉽게 갈 수 있을 것 같았다. 이번에는 회원사를 선택할 때 업체 규모보다 사람의 성향을 더 중요하게 보기로 했다.

우리 회사를 포함하여 여섯 개 업체로 결정하고 신청에 들어갔다. 1차 협동화 사업을 성공적으로 마무리해서 그랬는지 생각보다 쉽게 승인이 났다.

　이번에도 1년 안에 땅을 구매해야 하는 조건은 지난번과 같았다. 때마침 싸게 나온 땅이 있어서 계약을 했는데 이 땅이 싼 이유가 있었다. 땅 주인이 일제강점기 때 잃어버렸던 땅을 찾으려고 국가를 상대로 소송 중이었는데, 현재 고등법원까지 승소를 했고, 대법원 판결만 남아 있는 상태라고 했다. 그 소송을 진행 중인 변호사가 계약할 때도 함께 참석하여 서류를 챙겼다. 우리 쪽 대리인은 변호사라는 말을 철석같이 믿고 신분증도 확인 안 하고 도장을 찍었던 모양이었다.

　나는 계약이 이뤄진 뒤 며칠이 지나서야 계약한 사실을 알게 되었고, 알아서들 잘하겠지 하고 지켜보고 있었다. 그런데 자꾸 부동산에서 중간에 돈을 달라고 연락이 오고, 그 변호사도 자꾸 돈 이야기를 하는 등 뭔가 복잡하게 돌아가는 것 같았다.

　그제야 내가 나서서 그 변호사를 직접 만나볼 필요가 있다고 생각되어 서초동 변호사 사무실로 찾아갔다.

　사무실은 정상적으로 돌아가는 것 같았으나 식사하면서 이야기하는 것을 보니 변호사가 맞나 싶을 정도로 허풍도 있고 영 믿음이 가지 않았다. 아무리 생각해도 자꾸 불안한 생각이 들어 남편에게 우리 쪽도 변호사를 선임하자고 했다. 그렇게 큰 금액을 거래하는데 변호사비 아끼려다 큰 낭패를 볼 수 있다고 말이다. 그래서 주주들의 소개를 받아 변호사를 선임했다.

60억 원이 넘어간 상태에서 추가 30억 원이 넘어가기로 한 날, 우리 회사 임원이 밖에서 우리가 계약한 땅과 같은 땅을 계약한 사람이 또 있다는 소리를 들었다고 했다. 뭔 소린가 싶었다. 그 사람이 인천에 살고 있다고 해서 곧바로 확인해 보라고 사람을 보내놓고, 우리 측 변호사님과 연락을 취해서 사정을 전달했다. 오늘 오전에 지급하기로 한 돈을 보류시키는 게 좋겠다는 내 의견에 변호사님도 동의하셨다. 인천에 간 사람에게서 연락이 왔다. 땅 하나를 가지고 몇 사람에게 판 사기 사건에 연루된 것 같다는 것이다.

이런 걸 보고 '하늘이 무너진다'라고 하는 것 같았다.
우린 곧바로 상대방 변호사를 만나러 갔다. 변호사는 어디로 피했는지 만날 수도 없었고, 그 땅을 여러 사람에게 팔아버렸다는 소식도 우리가 맨 마지막에 알게 된 것 같았다.
이미 기자들 귀에도 들어간 터라 이튿날 아침 뉴스에 땅

사기 사건 기사가 대문짝만하게 나왔다. 돈도 날리고 또 시간도 날린 상황이 되어버렸고, 이미 넘어간 60억 원은 어찌해야 할지 막막하기만 했다. 국가를 상대로 소송해야 하는 일인지 이곳저곳 알아보고 다녔다. 결국 내가 출근하는 차 안에서 충격에서 벗어나지 못하고 몸부림치며 울다가 몸에 마비 증상이 와서 병원에 실려 가는 소동까지 벌어졌다.

내가 살아오면서 가장 큰 일이었고, 앞으로 그보다 큰 일은 없을 듯싶었다.

2차 협동화 사업에 참여한 주주들이 모두 모였다.

1차 때와는 너무 다른 분위기였다. 그렇게 큰 금액 손실을 봤는데도 누구 하나 원망하지 않았다. 서로 걱정해 주고 함께 해결해 보자고 다독여 줬다. 같은 사람들인데 어떻게 이렇게 다를 수가 있을까? 정말 감동적이었다. 남편은 그런 분들을 절대 손해 보게 할 수 없다며, 1차에서 보상받은 우리 날개 자금을 모두 투입해서라도 새로운 땅을 사서 협동화 사업을 꼭 성공적으로 끌고 가겠다고, 그러면 꼭 만회할 수 있을 거라고 강하게 말했다. 나 또한 같은 마음이었다. 앞선 1차 협동화 사업에서 주주들로 인해 맘고생을 많이 해왔기 때문에 그 마음들이 더 값지게 다가왔다.

생전에 갈 일이 없을 것 같았던 검찰청과 재판장에도 가야 했다. 사기단 일당은 모두 구속되었지만 사기당한 돈을 회수하기는 어려울 것 같았다. 그러나 다행히도 변호사님과 함께 노력하여 30억 원은 회수할 수 있었다.

땅 구매가 늦어져 문제가 되는 것은 협동화 사업만이 아니었다. 신도시 개발이 시작되자 LH공사에서는 우리에게 빨리 이전하라고 독촉하고 있었다. 그 시점에 수용업체들끼리 조합을 만들어 땅을 사기로 했다며 우리도 참여하라고 연락이 왔고, 다른 땅이 어떻게 될지 확신이 없다 보니 보험을 하나 더 들어놓겠다는 마음으로 우리도 참여하기로 했던 것 같다.

이번에도 나는 한참 지난 뒤에 알게 되었다. 우린 땅 사기 사건 등에 신경을 쓰느라 그 일은 다른 사람에게 맡겨 놓고 있었는데, 그 회의만 다녀오면 계속 출자금을 추가로 내야 한다고 하고, 공동 보증을 서야 한다고 했다. 어느 날 이상해서 내가 직접 확인해 보니 한없이 수렁으로 빠져들고 있는 것 같았다. 그사이 30억 원을 이미 출자금으로 낸 상태였다는 것을 확인하고 정말 할 말을 잃었다.

나는 너무 화가 났지만 냉정해야 할 필요가 있었다. 내가 판단했을 때 공동 보증은 더 큰 화를 몰고 올 것 같았다. 조합원들끼리도 공금 횡령 등 여러 가지 소송 중이었고 그 외에도 아주 복잡하고도 위험해 보이는 것들이 많았다. 자칫 거기에 휘말리면 본 사업까지도 흔들릴 수 있겠다는 판단이 들어 그 정도에서 다 포기하고 빠져나오는 게 최선이었다.

결국 들어간 돈은 포기하고 더 큰 손해를 막기 위해 탈퇴하기로 했다.

남편의 고교 선배이며 파주에 사시는, 말만 하면 알 만한 유명 인사께서 파주읍에 좋은 산이 있는데 함께 개발해 보자는 제안을 해왔다. 우리가 수용업체라는 것을 알고 찾아오신 것이다. 7만 평의 산인데 개발 가능한 땅이 2만 5000평이라고 했다. 그러면서 우리가 필요한 만큼 쓰고 남는 땅은 자신들에게 달라는 것이었다.

허가가 우리 이름으로 들어가야 해서 지분으로 협약을 해놓고 개발에 들어가기로 했다. 지분을 7 대 3으로 하기로 했는데, 갑자기 자기는 돈이 없으니 저축은행과 함께해야 할 것 같다고 하면서 저축은행 회장님을 만나게 해줬다. 그런데 아무래도 큰 회사라 지분이나 법에 대해서 잘 알아서 그런지 자기네가 50퍼센트를 가져야겠다고 고집을 부리고 나왔다. 우리는 그 선배님 입장도 있고 하여 울며 겨자 먹기 식으로 알겠다고 하고 나왔다.

'얼마나 더 배워야 어려움 없이 세상을 헤쳐 나갈 수 있을까!'

이미 약속된 내용을 뒤집는 것은 아무리 몰라도 경우가 아닌 것 같았다. 하지만 토목 공사와 평수 분할까지는 잘 협의가 되어 무사히 마칠 수 있었다.

건축을 시작해야 할 즈음, 2008년 세계 원자잿값 폭등 때문에 계획한 9000평을 50퍼센트로 줄여서 건축해야 하나 고민에 빠졌다.

그런데 다행히도 본격적으로 건설업체의 견적을 받아야 할 시점에는 미국에서 글로벌 금융위기가 시작되었다. 그로 인해 원자잿값이 폭락했고, 건설 경기 악화로 건축비가 낮아져 원래 계획대로 9000평을 다 지을 수 있게 되었다. 그뿐 아니라 처음 계획했던 건축비보다 많이 내려가서, 절감된 금액으로 처음 토지 사기 사건으로 손실을 봤던 30억 원까지 충당할 수 있게 되었다.

이렇게 하늘은 우리에게 또 기회를 주고 있었다.

하늘이 무너질 뻔했고, 사업을 포기해야 할 뻔했을 정도의 큰일 앞에서 각자의 실리를 먼저 계산하지 않고 사업을 완성하기 위해 마음을 하나로 모은 우리의 모습에 하늘도 감동했던 게 아니었을까?

머릿속 그림을 완성하다

47~53세

파주읍 부곡리에 들어설 물류센터를 만들기 위해 남편은 몇 년 전부터 혼자서 미리 설계를 해오고 있었다. 기존의 경험을 바탕으로 공간 효율을 극대화하고 그동안의 노하우가 최대한 반영된 설계였다.

최초로 19미터 하이랙 구간과 9미터 일반랙 구간, 4.5미터 중량랙 구간, 준2층에 선반랙을 설치하는 방법이다.

한 출판사의 도서를 한 라인으로 정리하여 출판사에서 왔을 때 책을 한눈에 확인할 수 있게 하였으며, 특히 반품은 재고가 부족할 경우 즉시 재생하여 출고할 수 있도록 설계되었다. 새로 개발한 프로그램은 모든 도서가 움직일 때마다 스캔하는 방식이었다.

   처음엔 작업 시간이 많이 걸린다고 걱정했으나 꼭 해야 할 일이라고 생각하고 계속하다 보니 바로 적응이 되었다. 이것 때문에 마감 시간이 늦어지는 경우는 없었고, 오히려 재고를 정확히 관리할 수 있게 되었다. 또한, 도서마다 번지 관리가 잘되어 책이 어디에 몇 부가 있는지 바로 알게 되니 재고 파악할 때도 시간이 절약되었다.

   창고 물류의 선구자답게 모든 면에서 앞서가고 있어서 출판사들의 반응도 좋았다.

   정문 입구에는 계근대를 설치하였다.

   계근대가 하는 일은 지방으로 내려가는 대형 차량의 과적 여부를 미리 확인하는 거였다. 특히 폐기 도서들이 나갈 때 무게를 재면 자칫 부수가 잘못된 것을 마지막까지 확인할 수 있어 이 또한 큰 역할을 했다.

   또 획기적인 것은 3층도 1층처럼 차가 올라갈 수 있도록 평지처럼 설계한 점이다. 화물용 엘리베이터를 굳이 설치하지 않아도 되도록 토목 설계가 되었다.

   남편은 토목을 전공했던 실력과 직접 현장에서 경험한 노하우를 발휘하여 전체적인 토목 설계와 레벨 잡는 것 등 건축과 설계 전체를 생각대로 지휘했다.

그때쯤 우리보다 배본을 먼저 시작했던 대행사 사장님께서 어느 날 우리를 보고 아직도 현장에서 일하고 있느냐고, 좀 쉬라고 하셨다. 그런데 우린 아직도 할 일과 하고 싶은 일들이 너무 많아서 쉴 수가 없었다. 더구나 직접 현장에서 일하면서 느낀 개선해야 할 문제점들이 차고 넘쳤다.

정전이 되었을 때도 컴퓨터나 컨베이어 등이 작동될 수 있도록 비상 발전기실을 만든 것도 아마 출판계에서 유일한 일일 것이다.

직전 물류센터에서 정전으로 인해 출고가 지연되어 고생했던 것을 이번에 해소한 것이다. 많은 것을 전산 프로그램에 의존하는 시대로 바뀌고 있는데 이런 흐름에 대비하지 않는다면 정전으로 모든 자료가 자칫 날아가 버리거나 작업이 중단될 수 있었다. 또한 전산 프로그램에 의존하는 경우 기계가 서게 되면 수동보다 더 위험하다.

보이지 않는 위험까지 생각하고 챙기는 남편이 대단해 보였다.

사람들은 대부분 불편하거나 문제점이 있으면 말은 잘 하지만, 어떻게든 그 문제를 해결하려고 하는 경우는 드문 것 같다. 우리 같은 서비스 업종에서는 수시로 고객을 위해 해결해야 할 일들이 자주 발생한다. 그럴 때 신속하고 빠르게 대처해야 서비스의 질을 높이고 고객의 만족을 끌어낼 수 있다. 그래서 나는 간부 회의 때 강조하는 것이 있다.

"문제의식을 갖고 바라봐야 합니다! 문제라고 느낀 것을 그대로 보고만 하지 말고, 나라면 어떤 방식으로 해결할 것인지 해결책까지 가지고 보고해 주세요!"

이런 훈련을 많이 하다 보니 나는 어딜 가도 문제점이 눈에 들어오고, 자꾸만 해결책을 말해주고 싶어 입이 근질근질할 때가 많다.

다음은 직원들의 복지를 위해 별도의 동에 3층으로 된 복지동을 만들었고, 복지동 앞쪽에는 풋살구장을 만들었는데 야간에도 운동할 수 있도록 운동장 조명까지 설치하였다.

직원들이 식사하는 구내식당은 3층의 코너 자리로 정했

다. 전체 건물에서 전망이 제일 좋은 곳이다.

우리 회사 근처에는 출판사들이 방문했을 때 마땅히 식사하러 갈 만한 곳이 없다. 그래서 구내식당을 많이 이용할 수밖에 없었는데, 다행히도 다녀가신 거의 모든 분이 '날개밥'이 맛있다고 한다.

나는 구내식당 운영과 직원들 먹는 것에 제일 많이 신경을 쓰는 편이다. 영양사가 다음 주 식단을 짜면 꼭 내가 결재하도록 시스템을 만들어놨다. 메뉴 교체 요구 등 식당 업체는 피곤한 일이겠지만, 무거운 책을 나르며 일해야 하는 우리 직원들에게 든든한 점심 한 끼는 힘든 일을 이겨내는 힘으로 작용할 수 있기 때문이다.

직원들이 아침에 일어나서 피곤하다고 회사에 갈까? 말까? 고민될 때 회사의 구내식당 점심밥이 궁금하고 먹고 싶어서 출근하게 만드는 게 내 욕심이다.

신혼집에서부터 직전 물류센터에서까지, 화장실이 부족하여 많은 고생을 했다.

그 화장실에 대한 한을 제대로 풀어보기 위해 내가 설계에 참여했을 때 각 층마다 화장실을 다 넣어달라고 부탁하여 옹색하지 않게 칸수도 넉넉히 설계했다. 거래처에서 오는 분들은 예전 화장실로 인한 우리 회사의 설움을 모르므로 날개는 왜 그렇게 화장실을 많이 만들었냐고 묻는 분들도 계신다.

그다음 배송 현장에는 자동 소터를 설치하였다. 소터는 사람이 없어도 센서가 지정한 서점별로 자동 분류해 내는 시스템이다.

그 외에도 소터가 고장 났을 때는 수동으로 분류할 수 있도록 해놓았고 신학기 물량이 100만 부가 넘어도 소화할 수 있도록 하차 라인도 세 개 설치해 놨다. 또 공항에서 가방 찾을 때 쓰는 원형 컨베이어 라인을 도입하여 배송 직원들이 자기 코스 책을 잡을 때 물량이 한꺼번에 몰려오더라도 무리하지 않도록 놓치는 것은 다시 돌아오게 만들어서 책이 파본되는 걸 막았다.

그 소터와 컨베이어에 투자된 금액은 6억 원 정도였다. 배송비로 한 권당 50~60원 받아서 운영되는 회사에서 투자하기에는 걱정되는 금액이었지만 남편이 절대 후회하지 않을 거라고 한참 나를 설득하였다. 그 금액을 모두 해결하는 데 10년이나 걸렸다.

드디어 이사가 시작되었다. 건물이 완성되기까지 시간

이 많이 소요되었다.

외부 임대로 사용하고 있던 창고의 재고들도 어마어마하게 많았다. 전체 2400만 부를 이동해서 정리해야 하는 일이니, 우리 날개가 아니면 아마 누구도 할 수 없었을 것이다.

예전 마포에서 이사 올 때에 비하면 부수로는 네 배 이상이었지만, 그동안 우리의 경험과 노하우가 축적되었고, 크고 작은 창고들의 이동으로 수시로 이사하다 보니 직원들도 겁내지 않았다. 무엇보다 팀별 운영이 잘되어 있어서 조직적으로 이사할 때 팀 운영 방식이 더 빛이 났다.

모두 고생이 많았지만, 특히 간부들의 희생은 날개의 역사에 길이 남을 만큼 대단한 일이었다. 그래서 이사가 모두 끝났을 때 간부들에게 양복을 한 벌씩 선물해 주었다. 행사에 가서 직원들을 만나면 제대로 양복을 갖춰 입고 오는 사람들이 거의 없어서 늘 마음에 걸렸기 때문이다.

1층처럼 차가 올라갈 수 있게 설계된 3층은 완전히 독립된 공간으로 만들어져 있다. 3층의 절반은 서울 망우리에 있던 송인서적이 이동해 왔고, 나머지 절반 공간은 한 업체에서 들어오겠다고 설계할 때부터 예약해놓아서 맞춤형으로 벽돌로 벽까지 설치해 놓았다. 그런데 입주 시점에 다른 곳으로 가겠다고 하여 그 공간만 비었고, 나머지 전체의 90퍼센트는 이사가 끝나자마자 금방 채워졌다.

입주를 시작하자마자 바로 공간이 채워지다 보니 1필지 남아 있는 땅에도 바로 3층으로 된 1800평의 창고를 지어야 했다. 그리고 출판단지에 있던 영풍문고가 우리 쪽으로 합류하기로 하여 1층 일부를 맞춤형으로 설계했다.

그 후 얼마 안 되어, 함께했던 저축은행이 부도가 났다. 50퍼센트의 지분을 갖겠다고 고집을 부려 확보한 땅이 경매로 나왔다. 이미 두 개의 부지로 분리되어 토목 공사까지 완료된 상태였으므로 바로 건축을 할 수 있는 조건을 갖추고 있었다. 우리가 먼저 입주하여 주변 부동산이 올라가는 분위기였고, 무엇보다 우리가 단지를 조성하면서 약 32억 원을 들여 1.7킬로미터 구간인 파주읍사무소 앞에서부터 우리 회사 진입로까지 2차선 도로를 만들어 주었다.

처음 도로는 자전거 한 대가 겨우 지나다닐 정도의 너비였는데 2차선 도로로 변신을 했으니 그 일대의 땅값이 들썩이는 것은 당연했다.

단지 내 땅의 경매라서 우리에게 우선권이 있었다. 우리는 확장 차원에서 경매를 받으려고 준비 중이었는데, 교보에서 물류창고를 다른 곳으로 이전하려고 계약했다는 정보가 들어왔다. 남편은 교보에 연락하여 그 땅을 소개했다. 교보는 바로 우리와 같은 단지 내에 있다고 하니 효율성이 좋다고 생각한 것 같았다. 빠른 결론을 낼 수 있는 관련 부서에서 남편을 찾아왔다. 남편은 땅에 관해 설명을 해줬고, 교보에서는 즉시 기존에 계약했던 땅을 해지하고 경매받을 준비에 들어갔다. 2개의 필지 중 큰 필지 하나를 교보에 양보하고, 작은 쪽 필지 하나를 우리가 받기로 했다.

남편은 그 땅을 살 때부터 출판 물류단지를 그곳에 만들고 싶다는 꿈을 가지고 있었다. 당장 금전적 이익을 계산하기보다 사업에 무엇이 더 중요한지를 먼저 생각하는 사람이다. 이렇게 교보문고까지 입주하니 남편이 그동안 그려왔던 꿈이 완성되었다.

창고 물류인 날개물류, 배송사인 드림날개, 도매업인 송인문고, 소매업인 영풍문고와 교보문고가 하나의 단지 안에 있게 된 것이다. 그러다 보니 날개물류는 지게차로 수시로 책을 주고받게 되고, 배송은 차 대수를 줄일 수 있어 서로에게 엄청난 시너지 효과를 주었다.

날개물류는 이곳으로 오면서 '호텔 서비스' '오늘도 변화'라는 슬로건으로 더 멀리 날기 위한 날갯짓을 다시 시작했다.

나에게 와줘서 고마워

53세

현실을 받아들이는 데 대략 일주일은 걸린 것 같다.

어제까지만 해도 눈물바다였다. 내가 없는 세상은 생각만 해도 슬펐으니까……

정신 차리고 하늘을 한 번 올려다봤다. 다시 긍정의 아이콘, 나로 돌아왔다.

이제 눈물비도 그치고 밝은 해가 비치기 시작했다. 하늘이 일부러 하는 일도 아니었고, 스스로 생각의 각도를 조절해야 해결할 수 있는 일이었다.

'나에게 찾아와 줘서 고마워!'

나를 찾아온 암에게 '고맙다'라고 했다.

만약에 '암'이란 녀석이 우리 아이들을 찾아갔다면, 내 남편을 찾아갔다면, 내가 겪어야 할 아픔과 고통은 지금 내가 겪고 있는 것의 수만 배 이상이었을 것이다. 그렇게 생각하니 고마운 마음이 들었다.

만약 남편을 찾아갔다면 남편 대신 혼자 회사를 이끌어 가야 했을 텐데 그럴 자신도 없었다. 손가락으로 어떤 경우를 꼽아봐도 그 녀석은 내가 상대하는 것이 훨씬 이로운 일이었다. 쉰 살 조금 넘은 시점에 찾아와 준 것은 더 고마운 일이었다. 폐경 전 호르몬이 왕성할 때 찾아왔다면 치료가 더 어려웠을 텐데, 또 나이가 더 들어서 찾아왔다면 체력적으로 이겨내기 힘들었을 텐데…….

유방암은 통증이 별로 없기 때문에 나처럼 통증을 느껴서 발견하는 경우는 10퍼센트 미만이라며, 살 운명인 것 같다고 의사 선생님이 말씀하셨다.

나는 건강한 체질이라서 몸이 좀 피곤해도 하룻밤 자고

나면 거뜬했다. 그렇지 않았다면 남편을 도와 지금까지 그 많은 일을 해내지 못했을 것이다. 감기 몸살기가 있을 때도 쌍화탕 한 병이면 해결됐고, 조금 심할 때는 연희동 칼국수 한 그릇을 먹고 나면 거뜬했다. 그래서 남편은 내가 몸살기가 있다고 말하면 자동으로 쌍화탕을 앞에 대령해 줬다. 이처럼 나는 건강 체질이었다. 제대로 챙기지 않고 살아온 내 몸에게는 미안했지만…….

만약 이대로 '암'이란 녀석을 이겨내지 못한다고 해도, 내 인생을 뒤돌아볼 때 나처럼 행복하게 살아온 사람도 드문 것 같아 여한이 없었다.

태어나서부터 지금까지 부모 형제들 사랑을 넘치도록 받았고, 결혼해서도 남편 사랑을 넘치도록 받고 있고, 시댁의 형님들도 친형제처럼 잘해주시니 남 부러울 게 없는 행복한 시간이었다. 아이들도 바르게 잘 성장해 줘서 나에게 늘 자랑거리였으니 이렇게 모든 복을 타고난 사람이 세상에 또 있을까!

회사 일만 해도 그렇다. 모두 열심히 한다고 성공하는 게 아닐 텐데, 우리에겐 열심히 한 만큼 결과물이 항상 만들어졌다.

이렇게 완벽한 내 행복을 언젠가 사탄이 질투하지 않을

까 우려되기도 했지만, 그래도 쌈꾼인 내가 가족 대표로 나가 용감히 싸우리라 각오를 다졌던 적도 있었다. 그런데 진짜 그런 날이 왔으니 용기를 내야 했다.

처음 '암'이란 녀석이 친구 하자고 찾아왔을 때 사실 조금 겁먹긴 했었다. 많은 사람이 그 녀석과 친구 하고 나면 대부분 하늘나라로 떠나는 것을 봤기 때문이다.

그렇더라도 난 끝까지 잘 사귀어 보기로 했다. 엄마가 된 이상 부모로서의 중요한 의무는 마치고 가야 했기 때문에, 난 그 친구를 달래서 최대한 시간을 벌어야 했다. 내가 생각하는 부모로서의 의무는 자식이 결혼할 때 부모 자리를 지키고 앉아 있는 것이다.

의사 선생님은 앞으로 1년만 함께 싸워보자고 말씀하셨다. 1년 후엔 나의 승리로 끝나 있을 것이며, 그 1년은 절대 헛된 시간이 아니고 앞으로 남은 삶에 보험 같은 시간이 되어줄 거라고 했다.

수술 날짜는 추석 연휴를 포함하여 잡았다. 나는 수술 전 암 덩어리의 크기를 줄이는 약을 먹으면서 회사에 나가고 있었다. 그래서 직원들은 전혀 눈치채지 못했다. 그러나 이제 본격적인 치료에 들어가야 하는데, 드림날개 운영 상황이 여유롭지 않아 걱정되었다. 출판계 전체 지방 물량이 약 1.5개 회사로 운영되면 가능한 물량인데 그사이 지방 배송사 두 곳이 생겨나서 우리 포함 3개 회사로 운영되고 있다 보니 모두가 힘든 상황이었다.

그래도 우리는 날개물류의 기본 물량이 받쳐주고 있으니 적자는 아니었지만, 늘 긴축 운영을 해야 하는 상황이다 보니 걱정을 놓을 수가 없었다.

추석 연휴를 이틀 앞둔 시점, 재정적 어려움을 견디지 못하고 한 회사가 사업을 접어야 한다고 손을 들었다. 또 하늘이 나를 살려냈다. 그쪽 거래처의 80퍼센트가 우리와 거래하겠다고 줄을 서고 있었다.

수술 들어가기 이틀 전에 일어난 일이니, 나는 마음 놓고 수술을 받을 수 있었다.

명절 연휴 동안 수술을 잘 마치고 5일 만에 가슴엔 압박 붕대를 감은 채 출근했다.

이제 항암 치료가 본격적으로 시작되면 6개월은 쉬어야 할 상황이므로 처리할 게 많았다. 항상 내가 잘못될 수도 있다는 불안감을 씻어낼 수가 없다 보니, 누구를 대하든 어떤 상황에서도 마지막일 수 있다는 마음으로 임하고 있었다.

항암 치료에 들어가기 하루 전날!

전 직원이 야외에서 함께 식사하는 '한솥밥' 행사를 열었다. 전 직원들을 마지막으로 볼 기회였고 내 건강한 모습을 기억에 남겨주고 싶었다. 우리 직원들이 모두 행복하고 맛있게 식사하는 모습을 보고 싶어 정성껏 음식을 준비했다. 아침부터 저녁때까지 가슴엔 압박 붕대를 감은 상태로 열심히 뛰어다녔지만 하나도 힘들지 않았다.

직원들에게는 6개월간 해외로 연수를 떠난다고 미리 이야기를 해놓았기 때문에 모두들 잘 다녀오라며 인사를 나누었다.

그렇게 작별 인사를 하고 집으로 오는 차 안에서 엉엉 울었다. 눈물은 지난 세월만큼이나 그칠 줄 모르고 계속 흐르고 있었다.

'내가 이곳으로 다시 돌아올 수 있을까!'

마치 죽으러 가는 길처럼 스쳐 지나가는 창밖의 모든 풍경과도 작별 인사를 나누었다.

항암 치료가 시작되었다. 약물 치료와 주사 치료, 방사선 치료가 기다리고 있었다. 죽은 듯이 잠들어 있어야 힘든 것을 조금은 피할 수 있었다. 그래서 늘 남편이 회사에서 돌아올 때까지는 약에 취한 채 잠만 잤다.

그날은 낮에 잠깐 깨어서 정신도 차릴 겸 샤워하고 머리를 감았다. 그런데 손에 머리카락이 한 움큼 쥐어졌다. 너무 무서웠다.

'이제 올 것이 왔구나!'

내가 항암 치료를 시작하면서 가장 두려웠던 것이 머리 빠지는 것이었는데 그 시간이 드디어 온 것이었다. 언제든 머리를 밀게 되면 오라던 암센터 지하 미용실을 향해 내가 낼 수 있는 최대한의 속도로 운전했다. 남편에게 머리 미는 모습까지는 보이기 싫어 남편이 집에 돌아오기 전에 해결하고 싶었다.

나도 많이 냉정해졌는지 머리를 미는데도 눈물은 나지 않았다.

항암 주사와 약으로 일어날 수 있는 모든 부작용이 빠짐없이 찾아오고 있었다. 어차피 모든 것을 이겨내야 결승점에 도달할 수 있으니까. 힘들지만, 장애물은 모두 넘어야 하는 일이다. 지금은 그 모든 것 중 장애물 하나를 넘는 중이었다.

어느 날 노트북을 열었는데 생전 편지 쓰는 것을 하지 않던 사람이 몇 줄의 글을 써놓은 걸 발견했다. 처음 암 선고를 받은 이튿날 새벽에 의사 선생님에게 쓰다가 만 글이었다.

"선생님! 저희 아내가 무서워합니다.
저는 아내를 사랑합니다. 아내를 포기할 수 없습니다.
그러니 저희 아내를 제발 꼭 살려주십시오……."

남편이 울면서 쓴 글 같았다. 그 글을 보고 한참을 펑펑 울었다.
남편은 그 마음을 행동으로 보여줬다.
나를 살리겠다고 함께 병원 가는 것을 한 번도 거른 적이 없었다. 그리고 집에서는 주부가 되어 새벽엔 하루도 빠짐없이 해독 주스를 만들어 먹여줬고, 아침밥은 항상 새 밥을 지어서 챙겨 먹이고, 하루에 몇 번씩 먹어야 할 약들을 약사처럼 제조해서 챙겨놓고, 점심 먹을 밥과 반찬까지 챙겨놓고 출근했다. 출근해서도 수시로 약 먹어야 할 시간과 점심밥 때를 놓치지 않게 전화를 해줬다. 저녁에도 최대한 일을 빨리 마치고 돌아왔다. 다시 저녁밥을 먹어야 약을 먹을 수가 있으니 서두를 수밖에 없었을 것이다.

독한 약의 부작용 중 하나로 우리 둘 모두를 힘들게 했던 것이 피부가 벗겨지는 현상이었다. 벗겨진 피부를 소독하고 약 바르고 가제와 반창고로 붙여주고, 그 반창고에 또 살이 붙어 벗겨지면 그걸 해결해 보려고 이런저런 연구를 하며 아픈 나보다 더 고된 시간을 보내야 했다. 그런 일을 6개월 동안 하루도 빠짐없이 남편 혼자서 해냈다.

집 근처 상가에 '초록 바구니'라는 친환경 재료들만 파는 가게가 있는데, 그곳 사장님이 우리 남편 때문에 큰 감동을 받았다고 했다.

모든 식재료는 신선한 것으로만 주문해 놓고, 매일 아침 해독 주스를 만들어 먹이기 위해 퇴근길엔 하루도 빠지지 않고 들렀다고 했다. 그래서 그런 남편의 아내는 누구일까 궁금했다며 나중에 나를 만나 미담을 이야기해 주셨다.

시어머님이 요양병원에 계실 때 우리 집으로 정기적으로 모시고 와서 내가 딸처럼 목욕을 시켜드렸던 적이 있다. 어머님도, 남편도 그 일을 늘 고마워했다. 치료받는 동안 남편은 내가 어머님을 씻겨드렸던 것처럼 기운 없어 하는 나를 직접 씻겨주었다. 그럴 때마다 은혜를 갚는 것이니 미안해하지 말라고 농담처럼 말했다. 하지만 그 말이 정말 고마워 눈물이 났다. 남편의 지극정성으로 '암'이란 녀석과 싸움에서 승리를 거두었다.

  그래도 나를 선택해서 찾아와 준 그 녀석에게 고맙다 말하고 싶었다.

날개를 잘 부탁합니다

54~58세

치료에 들어간 지 거의 1년 만에 출근한 것 같다. 1년 전에는 영영 못 돌아올 줄 알았는데. 내가 돌아온 것을 환영이라도 해주려는 듯 출근길 길가의 코스모스도 작은 구절초도 활짝 웃어주었다.

이제 다시 출근하면 다 내려놓겠다는 다짐을 했다. 그런데 막상 출근해 보니, 눈을 감고 다니지 않는 이상 그냥 지나칠 수 없는 일들이 쌓여만 갔다. 체력이 예전만 못해서 조금 말을 많이 하면 목소리가 쉬었다. 모두 피곤한 것 같다고 쉬라고 했다.

직원들은 내게 물었다.

문제점들이 왜 사장님 눈에만 보이고 자기들 눈에는 안 보이는지 모르겠다고 말이다. 그래서 나는 여러분이 사장이 되면 눈에 보이게 될 거라고 말해주었다.

날개물류는 '호텔 서비스'라는 슬로건을 걸고, 정품 관리는 물론이고 반품도 새 책처럼 입고하자마자 신속히 처리되어 언제든 출고할 수 있는 재고를 보여주었다. 월등한 서비스로 앞서 나가다 보니 대기표를 받아야 날개와 거래할 수 있다는 말까지 나왔다.

그때 날개는 우리보다 작은 대행사 거래처 중에서 단가 문제로 상담해 오는 곳은 상담조차 하지 않았고, 일에 문제가 있어 이동하려는 곳만 상담하고 계약하는 것을 원칙으로 하였다. 그러다 보니 배송 물량이 줄어들 수도 있을 것 같아 황금날개에서도 외부 창고를 임대하여 창고업을 시작했다.

출판사가 날개와 거래는 하고 싶은데 단가를 맞출 수 없을 때 황금날개에서 단가를 조금 낮게 해서 거의 같은 급의 서비스를 제공하는 방식으로 시작했다. 그렇게 황금날개와 거래를 하다가 출판사의 재정이 좋아지면 다시 날개와 거래할 수 있도록 해주는 '인큐베이터' 역할을 하고 있었다. 그렇게 황금날개 창고도 차별화된 색깔로 거래처가 늘어나기 시작하면서 창고관리업으로 자리를 굳건히 잡아가고 있었다.

그런데 임대 중인 그 창고를 매매하려고 내놨는지 부동산에서 사람들을 데리고 다녀갔다고 했다. 임대는 이런 게 문제였다. 그래서 이번에 황금날개도 땅을 사서 창고를 지어야겠다고 생각하고 땅을 보러 다녔지만 쉽지가 않았다. 그러다가 교보와 함께 경매받았던 땅이 아직 그냥 남아 있어서 그 땅을 황금날개에서 인수하기로 했고, 그곳에 2년여에 걸쳐서 물류센터를 완성했다.

그때부터 ㈜황금날개플러스라는 법인을 추가로 만들어 서울 배송과 창고업을 분리했다. 토지 3000평에 건물 3000평을 지었다. 1층은 EBS 맞춤 전용 창고로 설계가 되었고, 2층은 황금날개 거래처들이 이동해 왔다. 3층은 날개에서 일반 출고 장소로 쓸 수 있게 설계가 되어, 완공과 동시에 창고는 가득 채워졌다.

단지 안에 들어서면 맨 안쪽 중앙에 종이를 상징하는 흰색과 황금을 상징하는 노란색이 조화롭게 배치된 황금날개플러스 건물이 보인다. 그 건물 맨 위쪽 벽면에는 약속의 중요한 요소인 시간을 상징하는 대형 시계가 걸려 있고, 그 아래쪽에는 소방 계단을 외부로 빼내어 만든, 용이 하늘로 올라가는 듯한 모양의 대형 외부 계단이 설치되어 있다.

그 계단을 만들 때 계단 몸체에 그동안 날개에서 근무했던 사람들의 이름을 새겨놓고 싶었으나 아직 실천을 못 하고 있다.

그다음 2층까지 차가 올라갈 수 있도록 설계가 되었는데, 1층에서 2층으로 올라가는 인도에 꽃길 정원과 나무로 조경을 완성하였다. 그렇게 꽃길 정원을 걸어 올라가면 사무실 바로 전에 조그맣고 예쁜 카페가 있다. 직원들과 출판사에서 방문했을 때 조용히 차도 마시고 업무도 볼 수 있도록 만든 공간이다.

그다음 2, 3층엔 엘리베이터를 설치했다. 엘리베이터를 타고 3층에 올라가면 나만을 위한 공간이 마련되어 있다. 내가 아파서 쉬는 동안 취미로 배웠던 바느질과 손뜨개, 그림, 캘리그래피 등이 놓여 있다. 어설프지만 투병 생활 동안 나를 즐겁게 해줬던 작품들이다. 30년간의 고생에 대한 보상이라 할까? 남편이 나를 위해 선물로 만들어준 공간이다.

이제 토지 5만 평, 창고면적 1만 4000평의 자산 규모를 갖춘 날개는 그룹으로 표현해야 할 만큼 각각의 회사별로 전문성과 각자의 색깔로 열심히 노력하고 있다.

  그러다 보니 날개 그룹 내에서도 각 회사끼리 이익을 내기 위해 선의의 경쟁을 펼치기도 하고 때론 하나가 되어 바쁘고 일이 많을 때는 적극적인 지원을 해주기도 한다.

  이는 날개만의 강하면서도 착한 정서다. 그런 강하고 착한 정서가 날개가 앞으로도 무한대로 성장할 수 있는 가장 큰 힘이 될 거라 믿는다.

  그런 힘으로, 현재의 날개인과 미래의 날개인들에게 날개를 지금까지처럼 잘 부탁한다고 말하고 싶다.

날개를 잘 부탁합니다

뚜벅뚜벅 걷는 발걸음을 멈추고
뒤를 돌아봅니다

1990년 3월 비상한 날개가
지나간 30년의 기억을 이끌고
더 높이 날고 있습니다

그동안 함께했던
사랑하는 날개의 가족들의 마음
우리가 함께 흘렸던 땀방울들
우리가 고비마다 함께 흘렸던 눈물방울들
모이고 모여서
큰 산맥으로 이어집니다

함께 잡았던 우리의 손으로
함께 뛰었던 우리의 발로
그 산맥을 넘고 더 큰 산맥을 지나
꿈의 정상에 무사히 안착했습니다

이제,

날개인들의 땀방울
가슴에 가득 품었던 꿈이
저 넓은 창공을 지나
우주를 향해 비상하려고 합니다

우리 날개인들이여
항상 첫 마음 잊지 마시라
항상 겸손함 잊지 마시라
항상 현재에 안주하지 마시라
항상 변화를 추구하시라
항상 더 큰 꿈 웅장하게 품으시라

몇백 년을 책임지고 도약할
현재의 날개인들이여!
미래의 날개인들이여!

그대들을 믿습니다!
처음 마음처럼 꿈은 항상 이루어집니다

2020년 9월, 황금날개플러스 물류센터 준공 즈음에
날개가 영혼의 전부인
이강미 씀.

내가 더 고마워

59~60세

"왜, 무슨 일 있어? 목소리가 왜 그래?"

출근하는데 영국에 있는 아들의 전화를 받았다.

어린 아들의 우는 듯한 떨리는 음성이 내 발길을 공항으로 돌려놨다. 아는 사람 하나 없는 영국 땅에 아홉 살짜리 꼬맹이를 유학 보냈다. 유학원을 통해 한국인 가디언 집에 맡겨놓고 온 지 석 달 조금 안 된 시점이었다. 평일에는 학교 기숙사에 있고 주말에는 가디언이 집으로 데리고 가는 시스템이었다.

우리 아들은 여러 가지로 나를 많이 닮았다. 그래서 헤어지는 것을 제일 힘들어한다. 아마 가디언 집에 있는 형들과 헤어져 이튿날 학교에 들어가야 하는 게 싫은 일일 수도 있겠다 싶었다.

아들이 태어난 지 3일 만에 출근해야 했다.

그래서 젖 한번 물려주지도 못하고 외할머니 품에서 네 살까지 자랐다. 그 후 외할머니마저 시골로 내려가시게 되었는데, 엄마 같은 할머니와 헤어져야 할 때도 네 살 아들은 아주 힘들었을 것이다. 그리고 아기 때부터 엄마, 아빠와 '안녕'이란 단어를 아침마다 수없이 반복해서 들어야 했다.

그러니 아들도 나처럼 헤어지는 것에 대한 부담이 내면에 자리하고 있는지도 모를 일이었다. 어떤 이유이건 아들 얼굴을 봐야 살 것 같았다.

양가 어머님들은 그 어린것을 아무도 없는 곳에 두고 왔다고, 마치 계모가 애를 내다 버린 것처럼 취급하셨다. 내 새끼를 두고 올 때 내 마음이 어땠을지 그분들은 헤아리지 못하셨을 것이다.

어린 아들을 낯선 땅에 남겨두고 한국에 도착할 때까지도 눈물이 멈추지 않았다. 또 눈이 통통 부어서 선글라스를 사서 끼고 집에 와야만 했다.

아들은 2002년 월드컵이 열렸을 때 동네에서 자기가 제일 축구를 잘한다고 했다. 그래서 영국 이야기를 꺼내니 자기도 영국에 가고 싶었다고, 영국에 가면 최고의 선수가 될 수 있을 거라고 얼씨구 좋다 했다.

누나가 멀리 있는 중학교에 진학하면서 어린 아들을 챙겨줄 방법이 없었다. 그저 시간을 보내기 위해 학원에 보내는 것은 내 교육 방식과는 거리가 멀었고 그럴 바에는 본인도 가보고 싶어 하니 한번 보내보자는 것에 남편도 동의했다.

영어 단어 하나 제대로 아는 게 없는 어린 아들을 낯선 학교에 떨어뜨려 놓고, 되돌아오는 차 안에서 나는 아기처럼 주저앉아 엉엉 울었다.

'내가 미쳤구나! 이를 어쩌지! 우리 아기를 어쩌지!'

막상 영국에 도착해 보니 내가 걱정했던 일들은 일어나지 않았고, 그 짧은 시간에 벌써 적응했는지 내가 도착하기 일주일 전에는 아들이 심한 장난을 쳐서 가디언이 학교에 불려 가기도 했다고 했다. 한국 아이들이 하는 놀이를 오히려 영국 아이들에게 알려주며 국위 선양을 하던 중이었는데, 그 놀이 중에 '똥~침~' 하며 똥꼬를 찌르는 시늉의 놀이로 국위 선양을 하려다 실패했던 것 같다. 신사의 나라 영국에서 '똥침'이라니 웃음이 절로 나왔다. 그 정도면 안심해도 되겠다 싶었다.

  나는 복이 많아서 늘 좋은 분들을 만난다. 가디언분들은 한국에 계실 때 '생명의 말씀사'라는 곳에 근무했다고 하시며 우리 날개를 알고 계셨다. 그 먼 타지에서 일부러 그런 분들을 만나기도 어려운 일일 텐데, 유학원을 통해 모르고 만난 관계가 출판계에 계셨던 분이라니 정말 인생은 잘 살아야 할 것 같았다. 우리보다도 더 자상하시고 아들만 둘이 있어 형이 없는 아들에게는 더할 나위 없이 좋은 환경이었다.

  아들은 어릴 때부터 엄마 아빠가 예전에 포장마차와 야채 장사를 했던 일을 너무 자랑스러워하며 말하고 다녔다. 어떤 때는 말하지 말라고 다리를 꼬집을 때도 있었고, 입을 틀어막을 때도 있었다. 성인이 된 후에도 가끔 그때 이야기를 듣고 싶어 했고, 엄마 아빠의 삶을 자랑스럽게 생각하며 닮고 싶어 했다. 제대하고도 쉬고 싶을 만도 했을 텐데 곧바로 황금날개 창고에 들어가 아르바이트를 하기도 했다.

우리 아이들은 외국에서 학교를 다녔지만, 경제 교육만큼은 철저히 시켰다. 그래서 늘 돈에 쪼들렸고 돈을 귀하게 생각했다. 학비를 보낼 때마다 이 돈은 엄마 아빠 돈이 아니고 회사에서 고생하는 직원들의 돈이니 감사한 마음으로 써야 한다고 귀에 못이 박힐 정도로 말했다. 아이들한테 돈을 주면서 무슨 말을 하려고 하면

"알아 엄마! 회사 아저씨들 돈이잖아. 맞지?" 하면서 선수 치고 나온다.

어느 날은 방학 동안 집에 와 있을 때 둘이서 진지하게 물었다.

"엄마, 우리 가난해? 회사 부도 날 수도 있어?"

엄마가 항상 회사 아저씨들 돈이라고, 그래서 아껴 써야 한다고 말하니 자기들끼리 걱정을 했던 모양이었다.

아들은 군 제대 후 코로나로 대학의 남은 한 학기 수업은 온라인으로 대체하게 되어 미국에 가지 않고 집에서 수업을 듣게 되었다. 밤에는 수업을 듣고 낮에는 좋아하는 축구를 하러 다녔다. 도전하기를 좋아하는 아들은, 유튜브에서 이천수 선수가 진행하는 '천재FC'에 도전해서 멤버로 뽑혔다. 그래서 몇 달간 유튜브에 출연하여 맹활약을 펼쳤

다. 프로그램이 끝날 때 마지막엔 MVP로 뽑히며 마무리했다.

우리가 걸어온 길에 호기심이 많았던 아들은 대학을 졸업하고 대학원에 입학하기 전 그 짧은 기간에 책보다도 더 무거운 생수를 7개월간이나 배달했다. 쿠팡에서 위탁한 업체로 생수를 쿠팡에 주문하면 그곳에서 직접 배달하는 시스템이었고, 군대에서 운전병 조교로 근무했던 것이 배송하는 일에 많은 도움이 되었다고 했다.

'세상은 숨 쉬는 거 하나도 언젠가 다 필요로 하는 곳이 있을 수 있으니, 어느 것 하나 소홀히 생각하고 살면 손해'라는 말을 해주었다.

생수 배달을 할 땐 신입 사원이다 보니 제일 힘든 곳으로만 배정되었다. 이를테면 엘리베이터가 없는 5층짜리 빌라 같은 곳이다. 그래서 매일 '체험 삶의 현장'을 촬영하는 느낌이었다고 했다. 아들은 들어간 지 얼마 안 되었는데 자기 물량을 모두 소화하고 다른 사람 지원까지 해주는, 모두의 관심 대상인 모범 신입 사원이 되었다. 회사 측에서는 그런 아들을 신입 사원 교육용 유튜브를 촬영하는 데 모델로 쓰고 싶다며 일하는 모습을 시작부터 끝까지 촬영하기도 했다.

어느 날 5층에 사시는 분이 생수를 많이 시켰는데 힘들게 가지고 올라와야 하는 게 미안하고 걱정되었는지 문고리에 야쿠르트, 초코파이와 함께

'감사하고 죄송합니다'라고 쓴 메모지를 걸어놓았다고, 아들은 이런 미담이 생길 때마다 사진을 찍어 가족 카톡방에 올려주곤 했다.

돈 주고도 살 수 없는 귀한 경험을 하고 있었다.

그날부터 우리도 사탕 바구니와 비타민 음료를 현관 밖에 항상 준비해 놓고 있다.

2021년 추운 겨울까지도 그렇게 힘들게 일해서 돈을 모은 이유가 있었다.

2022년 봄엔 아빠 회갑, 겨울엔 엄마가 회갑이니, 집안의 아들로서 이번 행사를 자신이 주도적으로 준비하겠다고 호언장담했다. 그러더니 아빠 회갑 날에는 호텔 요리사와 사진작가까지 불러 호텔식 코스 요리를 준비해 모두를 놀라게 했다. 학업을 다 마친 상태도 아니었고 결혼한 것도 아닌데 아빠의 회갑상을 준비해 줘서 정말 고마웠다. 무거운 것을 들고 나르느라 손가락에 굳은살이 박여 주먹을 구

부려 줄 수 없는 상태가 될 때까지 고생해서 번 돈으로 마련한 그 귀한 음식들은 보기만 해도 고맙고 행복했다.

내 회갑은 겨울이어서 학업 때문에 함께할 수 없을 것 같다며 핸드폰과 스마트 워치를 선물로 미리 사줬다.

우리 아들은 힘들게 번 돈을 저렇게 통 크게 쏠 줄도 아는 멋진 남자로 성장해 있었고, 무엇보다도 우리에겐 책임감 있게 잘 자라준 것이 더 고맙고 큰 선물이었다.

우리 아들을 생각하면 마음 한구석이 짠해서 눈물이 날 때가 있다.

어릴 적 일찍부터 떼어놔서 내가 함께해 준 시간이 적어서 미안했다. 적응을 잘하는 것과 별개로 엄마에게 응석도 부리고, 투정도 부리고, 반항도 해보는 등 어린아이들이 자라면서 겪는 과정을 겪지 못하고 속으로 참고 눈치 보며 보내야 했을 것이다. 그렇게 생각하면 가슴이 미어지는 것 같다.

그런 내 마음과 상관없이 아들은 오히려 그때 자기를 영국에 보내줘서 너무 감사하다고 노래를 부른다. 진짜 감사해서일까? 속 깊은 녀석이 엄마의 마음을 헤아려서 속상할까 봐 그러는 것만 같다.

그 일을 정말 고맙게 생각한다면 내가 더 고맙다. 나는 바쁘게만 살았지, 아이들에게 학비 보내는 일 말고는 엄마로서 해준 게 너무 없는 것 같다. 그런데 아이들은 자꾸만 감사하다고 말한다. 오히려 내가 모든 것에 더 고맙다고 말해주고 싶다.

아들이 미국 뉴욕대 대학원에 원서를 제출할 때 추천서를 엄마인 내가 직접 써줬다. 꼭 그러고 싶었다. 우리 아들의 장점이 이렇게도 많으니 그 내용을 잘 알고 있는 내가 써야 한다고 생각했기 때문이다. 이렇게 훌륭한 우리 아들을 뽑지 않으면 학교의 큰 손실일 거라고 강조했다. 합격통지서가 왔다.

우리는 영원한 짝꿍

~63세

"오늘 저녁엔 우리 뭐 먹을까?"

나는 속으로 '순댓국'이라고 말하길 기대하며 묻는다.

"음, 순댓국 먹고 갈까?"

"와, 또 맞혔다."

우리는 무슨 복권이라도 당첨된 양 손바닥을 마주치며 하이 파이브를 외치고, 갑자기 차 안은 축제장이 된다. 우린 다른 일들에서도 신기할 정도로 서로의 생각을 잘 맞힌다. 그 비결은 내가 먹고 싶은 것을 말하는 게 아니라 상대방이 먹고 싶어 하는 걸 추측해서 말하는 것이다.

우리가 사귀게 된 첫날! 우리 집 안방에서 전화벨이 요란하게 울어대고 있었다. 때마침 석양빛은 우리 집 마루를 지나 전화기가 있는 안방까지 들어왔다. 유난히도 강렬한 그 붉은 빛은 전화를 받으러 달려가는 내게 자신은 이렇듯 멋진 삶을 살다 가니 잊지 말아 달라고 강하게 어필하는 듯했다. 나는 초등학교를 졸업한 이후 언젠가 그의 형과 함께 시내버스 안에서 마주친 적이 있었지만 서로 쑥스러워 말을 건네지 못했다. 그렇게 그냥 스쳐 간 것 말고는 이후로 단 한 번도 만난 적이 없었다.

"여보세요!"

저쪽에서 먼저 말을 건네 왔다. 난 그 목소리를 단번에 알아들었다. 지금이야 나이를 먹어서 들은 소리도 다시 묻곤 하지만, 나는 중학생 때부터 전교생의 이름을 다 외우고 목소리까지 다 기억하는 나만의 주특기를 가지고 있었다. 그런 나를 보고 아버지와 엄마는 총기가 있다고 하셨다.

"어! 노현이지?"

그렇게 한 번에 목소리를 알아맞혔다. 나도 믿어지지 않을 정도로 놀라운 일이었다. 전화기 너머에서도 마치 자기를 애타게 기다리고 있었던 것처럼 느껴졌을 것이다. 사람들에게 우리가 처음 만났던 날 이야기를 해주면 듣는 사람들 모두 이 대목에서 '평소 가슴속에 품고 다니면서 짝사랑했던 거 아니야?' 하고 놀려댔다. 정말 단 한 번도 생각해 본 적이 없었는데 너무 억울한 일이었다.

우리가 읍내에서 만났을 땐 저녁 식사를 해야 할 시간이었다. 나는 논산 읍내에서 제일 맛있다고 생각하는 칼국숫집을 추천했고, 그래서 우리가 최초로 함께한 식사는 칼국수가 되어버렸다.

초등학교 3년을 같은 교실에서 공부했기 때문이었을까? 운명적인 만남이 되려고 그랬던 것이었을까? 칼국수를 먹는 내내 우린 어제도 만나고 오늘 또 만난 것처럼 어색함 없이 편하게 대화하고 있었다. 그는 식사 후에 둘이 차 한잔할 곳을 찾아보느라 논산 읍내를 몇 바퀴나 돌았다고 했다. 그중에서 제일 나아 보이는 곳으로 들어가

'저, 창가 쪽 저 자리로 예약 좀 부탁드립니다.'라고 했더니, '예약'이란 말을 처음 들었는지 카페 주인이 고개를 갸우뚱거렸다고 했다. 나와 함께할 장소를 찾기 위해 저런 노력을 했다고? 지금까지 부모 형제에게 귀한 대접을 받으며 살아왔지만 다른 사람이 나를 귀하게 여겨주는 듯한 느낌은 처음이었다.

그가 데리고 간 곳은 요즘 말로 하자면 '핫한' 분위기 좋은 카페였다. 나도 가끔 내려오기 때문에 아는 곳이 거의 없었고, 그때는 '다방' '다실' 같은 종류의 찻집들만 있었다. 그런 상황에서 '논산에도 이런 분위기 좋은 곳이 있었네?'라고 생각할 정도였다. 남편의 '예약'이라는 말이 부담스러웠는지 다른 테이블과 확연히 다르게 신경 쓴 게 느껴졌다.

우리 대화의 공통 주제는 엄마에 대한 마음이었다. 둘 다 가끔 고향에 내려올 때마다 고생하시는 엄마들을 보면서 안타까운 마음을 가지고 있었다.

우린 그때 세상을 많이 살아보지도 않았고, 결혼을 해보지도 않았기 때문에, 오빠나 형님들의 입장과 생활을 이해하고 헤아리기엔 부족했던 것 같다. 그러다 보니 우리 막내들의 눈엔 오로지 엄마가 고생하는 모습만 안타깝게 보였다.

'왜 나이 많으신 엄마를 아무도 편히 못 모시는 걸까?'라는 불만 섞인 공통분모를 가지고 있었다.

나중에 남편은 그날 엄마를 생각하는 내 마음이 자기 마음과 같아서 마음이 더 끌렸었다고 했다. 그렇게 이야기하느라 시간 가는 줄도 모르고 있다가 마지막 버스를 놓쳐버렸다.

우린 그대로 헤어지는 게 아쉬워 4킬로미터가량 떨어져 있는 집까지 걸어가기로 했다. 남편이 서울로 전학 가기 전까지 형을 자전거에 태우고 둘이서 매일 지나다녔던 길이다 보니 그 길에 대해서 많이 알고 있었다. 늦은 시간이라 차들이 많지 않아 도로가 마치 여의도 광장 같았지만, 남편은 본인이 차도 쪽에 서고 나를 안쪽으로 걷게 하면서도, 내가 부담 갖지 않도록 적당한 거리를 유지했다. 그런 모습에서 나를 향한 존중이 보이는 것 같아 좋았다. 안전하게 보호해 주고 싶다는 마음이 느껴져 동갑내기가 아닌 오빠 같은 듬직함이 느껴졌다. 거의 집에 가까워질 무렵 가랑비보다 더 부드러운 보슬비가 조금씩 내리기 시작했다. 그는 당황하면서 얼른 자기 손수건을 꺼내어 내 머리에 씌워주었다. 그래도 마음이 안 놓였는지 손바닥으로 손수건 위쪽을 다시 가려주며 걷고 있었다.

처음 몇 시간을 함께하면서 내가 받은 감동은 10년을 사귄 그 어떤 연인들보다 컸을 것이다. 그날 그 손수건은 다시 우리를 만나게 해준 중매쟁이가 되었다.

매일 출퇴근도 함께하고 같은 공간에서 일하는 게 지겹

지 않냐고 묻는 사람들이 있다. 우린 지겨운 게 아니라 날마다 행복하다. 특히 남편은 가까이에서 나를 지켜줄 수 있으니 마음이 편하다고 한다.

무엇보다도 우리가 함께 있는 공간은 모든 곳이 회의 장소가 된다. 잠자는 시간을 빼고는 늘 같은 주제를 가지고 의견을 주고받으니 혼자 사업하는 사람들이나 회사에서만 일하는 사람들보다 두 배의 시간을 두 사람이 사용하니 적어도 네 배는 더 일에 대해 아이디어를 내고 고민하고 연구하는 시간을 갖게 되는 것이다.

나는 세상에 공짜는 없다고 우리 아이들에게도, 직원들에게도 종종 말한다. 노력하지 않고 기도만 하면서 하나님을 원망하는 사람들도 있는데 하나님도 노력하는 사람에게 복을 주신다고 나는 믿고 있다. 사람들은 현재의 우리를 보고 과거의 우리를 유추해 내지 못할 것이다. 지난 우리의 이야기를 듣는다면 왜 세상에 공짜는 없다는 말을 했는지 이해하게 될 것이다.

남편이 초등학교 수업 시간에 창밖을 보며 자기 같은 사람 한 사람만 더 있으면 성공할 수 있을 것 같다는 꿈을 꾼 적이 있었는데 그 한 사람으로 하나님이 나를 보내준 것 같다고 했다. 그렇게 우리 둘은 오늘도 같은 곳을 바라보며 꿈을 꾸고 있다.

  우리는 마지막 꿈을 위해 2만8000평의 뒷산을 준비해 놓고 있었다. 우린 그곳에 '책 테마파크'를 만들 계획이다. 이미 연못을 만들고 주위에 꽃과 나무들을 심었고 작은 북카페도 만들어서, 직원들이 쉬는 시간에 산책하고 휴식을 취하는 장소로 인기가 많다.

  며칠 전부터 그 뒷산 전체에 자작나무 7200그루를 심었고 산책로를 따라 개나리와 벗나무, 단풍나무를 심었다. 나머지 자작나무 아래에는 야생화들이 계절별로 피어날 수 있도록 예쁜 꽃씨들을 뿌릴 것이다.

  남편은 꽃과 나무를 좋아하는 나를 위해 만드는 것이라고 내 앞에서는 예쁜 거짓말을 해주고 있지만, 남편은 늘 거래처와 직원들을 우선으로 생각한다.

  그리 큰 면적은 아니지만 아기자기하게 예쁜 공원을 만들어 쉬는 날에는 직원들과 거래처분들이 가족들과 함께 찾아와 편히 쉬다 갈 수 있는 그런 곳으로 완성하고 싶다. 그래서 우리는 은퇴를 하고 난 후에는 더 바빠질 것 같다. 산에서 꽃과 나무를 가꾸어야 하고, 참나무로 표고버섯도

재배하여 예쁘게 포장한 다음, 그 안에 응원의 편지도 써넣어서 직원들과 거래처에 전해주고 싶다. 쉬는 시간에 산에 놀러 오는 직원들과 회사를 방문하는 거래처분들에게는 직접 따서 말린 열매로 꽃차를 대접하고 싶다.

'날개마을'도 준비 중이다.

저녁때가 되면 우리 둘이 손잡고 처음 만났던 날 보았던 석양을 바라보며,
"오늘 저녁은 무얼 먹을까?"라고 묻는다.
나는 속으로 우리가 처음 만났을 때 먹었던 '칼국수'라고 대답한다.
남편의 대답은, "어……. 잔치국수!"
아마도 남편은 내가 가락동시장에서 먹었던 잔치국수를 생각하고 있다고 짐작한 것 같다.
"어? 어, 맞았어. 나도 잔치국수야!"
우린 이렇게 상대를 배려하는 착한 거짓말로 함께 매일 퀴즈 놀이를 하며 20년, 30년 후에도 영원한 짝꿍으로 살아가고 있을 것이다.

지금까지 들려준 이야기가 앞으로 회사를 이끌어갈 직원들에게, 그리고 금수저를 부러워하는 젊은이들에게 희망의 이야기로 전해지길 소망해 본다.

에필로그

: 못다 한 이야기

300만 원의 버릇

어느 날부터 나는 현금 300만 원 정도를 늘 가지고 다녀야 마음이 편해지는 버릇이 생겼다. 그 시점은 1992년쯤이 아닌가 싶다. 그때만 해도 신용카드가 보편화돼 있지 않은 이유도 있었지만, 그보다 더 특별한 일이 그 버릇의 계기가 되었다. 퇴근 후 저녁 식사를 마치고 「9시 뉴스」를 보고 있는데 전화벨이 울렸다. 나와 가까운 곳에서 함께 일하고 있던 재무팀 김 과장이었다.

"여보세요?"

다급하고 불안한 숨소리가 느껴졌다. 갑자기 나의 예민한 촉이 반응하기 시작했다.

"저, 김 과장인데요……. 제가 지금 마포경찰서 유치장에 들어와 있습니다. 300만 원이 있어야 나갈 수 있다고 하는데요, 집사람한테 연락할 수가 없어서 부사장님께 연락드렸습니다. 죄송합니다."

아마 전화기를 어렵게 빌려 연락했을 거라 생각돼 일단 알았다고 하고 전화를 끊었다. 나는 이렇게 집안에서도 회사에서도 모두의 변호사이자 조폐공사였다. 평소 말수도 없고 교회도 열심히 나가는 김 과장은 정말 모범적인 사람이었다. 그런 사람이 유치장에 있다니 상상이 가질 않았다. 그러나 분명 유치장이라고 했다. 그때는 거래처의 수금이 어음이나 현금 봉투로 전달됐다. 그래서 항상 내 가방에는 생활비 봉투와 공금 봉투, 두 개의 봉투가 들어 있었다. 공금 봉투를 열어 보니 턱없는 금액이었고, 생활비 봉투를 열어 보니 이튿날 누군가에게 전달할 현금이 있어서 얼추 금액을 만들 수 있을 것 같았다. 나는 이유가 궁금했지만, 일단 사람은 안전한 것 같으니 다행이라는 생각으로 스스로를 진정시키며 열심히 마포경찰서를 향해 액셀을 밟았다.

도착해 보니 김 과장은 머리를 숙인 채 쭈그린 자세로 앉아 있었다. 나를 발견하고는 반가우면서도 미안했는지 눈도 마주치지 못하고 여전히 고개를 숙인 채 일어나 내

쪽으로 걸어왔다. 자초지종을 들어보니, 전에 있던 회사의 노조위원장으로 활동하면서 사 측의 고발로 벌금형 300만 원을 받았는데 돈이 없어 납부를 못 하고 있었다고 했다. 퇴근 후 집에 돌아가기 위해 지하철역으로 걸어가던 중 불심검문에 걸려 경찰서로 오게 된 것이라고 했다. 일단은 빼내고 볼 일이었다. 늦은 시간까지 귀가하지 않고 있는 남편을, 아빠를 얼마나 걱정하고 있을까! 그의 가족을 생각하니 더 이상 다른 생각을 할 이유가 없었다.

그날, 그렇게 300만 원이라는 현금은 한 사람의 자유와 한 가정의 행복을 지켜낸 중요한 역할을 해냈다.

그럴 때 빛을 발하는 돈이 새삼 멋져 보였다. 그 뒤로 나는 언제든 위기에 처한 사람을 구할 구명조끼가 되어주기 위해 300만 원이 든 봉투를 30년이 지난 지금까지도 늘 들고 다니는 버릇이 생겼다.

한솥밥 행사

"저렇게 큰 가마솥이 있었나요? 몇 인분 정도 밥을 할 수 있나요?"

우리 회사의 가마솥 광장에 오는 이들마다 질문을 쏟아

낸다. 경기도 안성 유기마을에 제작을 의뢰해서 500인분의 밥을 지을 수 있는 가마솥단지를 만들어 걸었다. 그리고 굴뚝을 만들어 솥단지가 제 실력을 발휘하도록 환경을 만들었다. 그곳에서는 매년 가을이면 날개 가족 모두가 함께 하는 한솥밥 행사가 열린다.

우리 회사는 처음 파주에 물류센터를 건축할 때부터 구내식당을 설계에 반영하여 직원들에게 제대로 된 식사를 제공해 오고 있다. 점심과 저녁 두 끼를 회사에서 먹는 직원들이 많다 보니 직접 잘 챙겨야 하는 것은 당연히 내 몫이다.

'한솥밥'을 먹는다는 의미는 '식구', 즉 '가족'이라는 따뜻한 의미를 담고 있다. 그래서 그때부터 새해 첫 출근일에 떡국을 끓여 전 직원이 함께 아침 식사를 하며 새해 업무를 시작하는 '전 직원 한솥밥 먹기'라는 날개만의 전통이 만들어졌다.

그러나 지금의 물류센터로 이전해 오면서 업무 특성상 부서별 업무 시작 시간이 달라져 새해 첫날의 아침 식사를 점심 식사로 옮겨 진행하고 있다.

또한 직원 수가 많아지다 보니 일일이 생일상을 챙기기

가 어려워 매월 1일에 그달 생일자를 위해 생일상을 준비하고 있다. 생일자 명단을 공지하고 사내 방송에서 생일자 이름을 불러주며 축하를 해주고 있다. 미역국, 잡채, 불고기, 전, 겉절이를 기본으로 준비하도록 식당 운영업체와 계약할 때부터 꼭 챙기고 있어서 매월 1일 생일상 챙기기 또한 앞으로 날개의 전통으로 이어져 갈 것이다.

한솥밥 행사에 대해 좀 더 설명하자면, 가마솥 정원에서 전 직원이 야외 식사를 하는 것이다. 여름 신학기를 무사히 잘 보내고 고생한 직원들을 위한 잔칫상을 준비하게 된다. 야외 식사인 만큼 위생을 신경 써야 하므로 더운 날씨를 피해 명절이 지난 10월 말쯤 가을로 일정을 잡게 된다. 말 그대로 그날은 전 직원을 위한 잔칫날이 된다. 직접 현장에서 전도 부치고 하지만, 주요리로는 '한솥밥'의 의미를 살리기 위해 소고기국밥이나 전복삼계탕, 한우왕갈비탕 등으로 준비한다. 그 외에도 통돼지 바비큐, 떡, 과일 등으로 준비된 잔치 음식은 회사 뒷산에까지 냄새가 퍼져 나간다.

식사 후 하이라이트는 행운권 추첨이다. 예순 넘은 직원 분들까지도 어린아이처럼 얼마나 적극적으로 참여하는지, 추첨 결과에 따라 시시각각 변하는 사람들의 표정을 지켜보는 것도 쏠쏠한 재미와 추억을 만들어내고 있다. 그러고 보니 직원분들이 우리 부부와 함께 나이 들어가다 보니 회갑을 넘기신 분들도 꽤 계신다. 나와 동년배 직원들을 만나
"건강 관리 잘하시면 일흔까지는 거뜬하게 일하실 수 있겠죠?"라고 말을 건네면
"그럼요, 지금 같아선 우리 일은 여든까지도 거뜬할 것 같습니다. 걱정 마세요!" 하면서 껄껄껄 웃으신다.

그렇게 우리 회사는 젊은 사람들과 베테랑 고참들이 함께 어우러져 한솥밥을 먹으며 서로에게 '함께여서 고맙다'는 마음으로 신바람 나게 일하고 있다. 날개 가족들에게
'늘 여러분들이 행복할 일들이 뭐가 있을까! 고민하는 우리가 있으니 행복하지 않나요?'라고 쑥스럽게 물어보고 싶었다.
직원들 모두 행복한 마음으로 일하고 있길 바라며 앞으로도 우리는 더 노력할 것이다.

부록: 이강미 작가 2025년 《시와문화》 신인상 수상작

'함께'라는 보물

"아직도야? 나 추워 죽겠어."
"조금만 참아. 마지막 사람들 곧 갈 것 같아."
"온몸이 덜덜 떨려."
"드디어 간다. 시작해도 될 것 같아."
"이제 나도 밖으로 좀 나가고 싶어. 뚜껑 좀 열어줘!"

연탄불에 앉아서 벌써 몇십 분째 펄펄 끓고 있는 들통 속 물이 우리 둘의 실랑이를 더는 못 참겠다는 듯 뚜껑을 들썩들썩한다. 수증기까지 하얗게 내뿜는 것이 안절부절 못하는 남편과 똑같다.

샤워해야 하는데 집 앞 놀이터에 남녀 한 쌍이 몇 시간째 시간 가는 줄도 모르고 데이트를 즐기고 있으니, 남편은 얼마나 애가 탈까 싶었다. 날은 어두워지는데 우리의 사정은 아랑곳하지 않고 그네에 앉아 계속 알콩달콩 이야기만 나누고 있었다.

남편은 문밖에서 그 연인들이 언제 돌아가려나 지켜보면서 한편으로는, 독촉하고 있는 내 잔소리를 다 받아줘야 했다. 얼마나 불안했으면 기도하는 마음이었다고 했을까.

욕실이 따로 없던 우리의 신혼집 작은 부엌은, 요리도 할 수 있고, 빨래도 할 수 있고, 세수와 머리 감기, 샤워까지도 할 수 있는 요술 같은 공간이었다.

우리 집의 현관문이자 부엌문이기도 했던 한 쪽짜리 문은 위쪽이 유리로 되어 있었고, 바람이 들어오지 못하도록 문틈 주위에 비닐을 문풍지처럼 붙였다. 그 문풍지는 바람이 불거나 비가 들이치면 팔랑거리는 소리로 바깥 날씨를 어느 정도 가늠하게 하는 기상대 역할을 하기도 했다.

지금 같았으면 커튼을 치든지, 선팅지를 바르든지 했을 테지만, 돈이 없어 월세를 피해 싼 전전세로 들어온 상황이다 보니 단돈 10원도 아껴야 했다.

그러니 매번 샤워할 때면 저렇게 서로 품앗이하며 망을 보느라 전쟁을 치러야만 했고, 한 사람이 밖에서 보자기로 유리창을 가려 누가 문을 열고 들어오지 못하도록 보초를

서야만 했다.

그러고 보니 그 보자기는 가난했던 우리를 위하여 많은 역할을 했다.

샤워할 때 가려주는 커튼 역할과 머리 다듬을 때 어깨에 두르는 가운 역할, 무엇보다도 제일 중요한 역할은 형님 댁에서 버리려고 내놓은 신일쌀통을 주워다가 텔레비전을 올려놓는 용도로 쓸 수 있게 변신한 것이다. 그 보자기로 덮어씌우니 감쪽같은 것이 마치 마술사가 마술을 보여주는 것 같았다.

연탄아궁이 하나와 곤로 하나를 겨우 놓을 수 있는 좁은 부뚜막은 고칠 수 없으니 어쩔 수 없이 그냥 놔두기로 했다. 대신 부엌의 벽면에 최대한 못을 박아 밥상과 냄비, 소쿠리 등을 걸어두었다. 부엌 바닥은 흰색 타일로 마감되어 있어 그래도 좀 넓어 보였다. 그리고 수시로 물청소를 하면 바닥이 깨끗해서 기분이 좋아졌다. 하지만 부엌에서 방으로 들어가려면 턱이 높아 모두 발레리나가 되어 다리를 쭉 뻗어야만 방에 올라설 수 있었다.

내 키가 165센티였기에 가능했지 160센티만 되었더라도 좁은 부뚜막에 디딤판을 놓았다 치웠다 하는 번거로움을 감내해야 했을 것이다.

결혼 전 우리는, 날이 어두워질 때까지 함께 있었는데 날이 어두워져 각자 집으로 가야 했을 시점엔 늘 헤어지는 것이 아쉬워 습관처럼 티격태격 사랑 다툼을 하곤 했었다. 그런 모습을 가까이에서 지켜보았던 친구들은 우리 결혼식에 와서 축하의 말과 함께 '이젠 매일 같이 있게 되었으니 사랑 다툼 안 해도 되겠네.' 하며 놀려대기도 했다.

아마 친구들은 좁은 곳에서 떨어질래야 떨어질 수 없는 좁은 곳이라고, 매일 붙어 살 수밖에 없다고 놀렸을 것이다. 지금도 생각해 보면 그곳은 손바닥보다 좁다고 표현해도 과언이 아닐 만큼 소꿉 놀이터 같았다.

그러나 우리는 요술쟁이 부엌과 보자기 마술사까지 소유하고 있는 최고의 부자였고 무엇보다 '함께'라는 큰 보물까지 얻었으니 세상 부러울 게 없었다.

그러나 단 한 가지 내가 가장 무섭고 공포스러웠던 장소가 있었다. 그곳은 공용 화장실이었다. 화장실은 주인집의 마당을 지나 세입자들이 공동으로 사용해야 하는, 남녀 구분도 없는 한 칸 화장실이었다.

요지는 화장실 앞에 늘 기름기가 좔좔 흐르는 흰색 털옷을 입고 있는 진돗개인 진순이가 화장실 문 앞에 누워 있거나 서 있다는 것이었다. 나는 개에 대한 트라우마가 있었다.

어릴 적 친구 집 과수원에 놀러 갔다가 개에게 물렸던 적이 있었다. 울면서 집에 온 나를 보고 엄마는 두말할 것도 없이 내 손을 잡아채곤 나를 물었던 개가 있는 친구네 과수원까지 이인삼각 경기를 하듯 내처 달리셨다.

엄마에게 붙들린 개는 몸에 있는 털 한 움큼을 벌금으로 헌납해야만 했다. 엄마는 자른 개털을 불에 태워 재를 만들고 그 재에 참기름을 넣고 버무려 개에 물린 상처에 바르고 흰 천으로 내 다리를 묶어주셨다.

지금도 그때의 상황을 떠올려 보면 순식간에 이뤄진 엄마의 손놀림이 지금의 그 어떤 명의와 견주어도 손색이 없을 것 같다.

그때 이후로 생긴 개로 인한 트라우마 때문에 남편은 항상 내가 화장실 갈 때마다 동행해 주어야만 했다.

시간이 조금 지나 주인아주머니와 친해지고 내 사정을 모두 들은 아주머니는 남편이 없는 낮에는 주인집 내부에 있는 화장실을 사용하도록 배려를 해주었다. 하지만 근본적인 해결을 위해 진순이의 아지트를 다른 곳으로 옮겨보려고 했지만, 그 노력은 헛수고였다. 마당이 좁은 관계로 다른 곳으로 옮긴다 한들 모든 영역이 진순이의 반경 안에 있었기 때문이다.

그 후 진순이도 자기 주인과 내가 좋은 관계인 것을 알아차린 듯 나를 보면 꼬리를 마구 흔들어댔다. 미안하게도 난 개에 대한 트라우마를 떨쳐낼 수가 없어서 진순이의 마음을 받아들일 수가 없었다.

내가 진순이의 마음을 외면해서였을까?

한 달 후쯤 아침에 일어나 보니 진순이가 무지개다리를 건너고 있었고 주인집 식구들이 마당에 나와 눈물을 훔치고 있었다. 세입자들이 모두 나와 걱정을 했지만, 쥐약을 먹은 쥐를 잡다가 그런 게 아니었겠냐는 추측만 난무할 뿐이었다.

나는 진순이가 잘 지내고 싶다고 꼬리를 흔들어줄 때마다 외면한 게 마음에 걸렸다. 그리고 눈길 한 번 주지도 않았고 간식도 한 번 챙겨주지 못한 게 너무 미안했다. 이런저런 생각에 눈에서는 눈물이 저절로 흐르고 있었다.

그래서 처음으로 식어가고 있는 진순이의 몸을 쓰다듬어 주었다. 그리고 미안했다고, 좋은 곳으로 가라고 기도했다. 하지만 진순이는 꼬리를 흔들지도, 눈을 마주쳐 주지도 않았다.

진순이가 떠난 후 화장실은 맘 놓고 아무 때나 갈 수 있였지만, 진순이가 없는 상태에서 볼일을 보는 것이 더 불안하다는 것을 깨닫는 데는 그리 오래 걸리지 않았다. 세 들어 사는 사람이 많은 집에서 겁이 많은 나로선 진순이가 우리를 얼마나 안전하게 지켜주었는지, 화장실 앞을 지키는 일이 얼마나 중요한 일이었는지 떠난 후에 알게 되었다.

이렇듯 우린 모든 것을 잃어보거나, 떠나보낸 후에야 소중함과 감사함을 알 수 있는 그런 어리석음을 반복하며 살아가고 있었다.

간절함은 인생의 날개다

초판 1쇄 인쇄 2025년 7월 18일
초판 1쇄 발행 2025년 7월 30일

지은이 이강미
펴낸이 김선식

부사장 김은영
콘텐츠사업2본부장 박현미
콘텐츠사업6팀장 임경섭 **콘텐츠사업6팀** 정지혜, 곽수빈, 조용우, 이한민, 이현진
마케팅1팀 박태준, 권오권, 오서영, 문서희
미디어홍보본부장 정명찬 **브랜드홍보팀** 오수미, 서가을, 김은지, 이소영, 박장미, 박주현
채널홍보팀 김민정, 정세림, 고나연, 변승주, 홍수경
영상홍보팀 이수인, 염아라, 김혜원, 이지연
편집관리팀 조세현, 김호주, 백설희 **저작권팀** 성민경, 이슬, 윤제희
재무관리팀 하미선, 임혜정, 이슬기, 김주영, 오지수
인사총무팀 강미숙, 이정환, 김혜진, 황종원
제작관리팀 이소현, 김소영, 김진경, 이지우, 황인우
물류관리팀 김형기, 김선진, 주정훈, 양문현, 채원석, 박재연, 이준희, 이민운

펴낸곳 다산북스 **출판등록** 2005년 12월 23일 제313-2005-00277호
주소 경기도 파주시 회동길 490
전화 02-704-1724 **팩스** 02-703-2219
이메일 dasanbooks@dasanbooks.com
홈페이지 www.dasan.group **블로그** blog.naver.com/dasan_books
용지 스마일몬스터피앤엠 **인쇄** 한영문화사 **코팅 및 후가공** 평창피엔지 **제본** 국일문화사

ISBN 979-11-306-6875-8 (03810)

· 책값은 뒤표지에 있습니다.
· 파본은 구입하신 서점에서 교환해드립니다.
· 이 책은 저작권법에 의하여 보호를 받는 저작물이므로 무단 전재와 복제를 금합니다.